高职高专素质教育系列教材

大学生创业实践手册

第2版

主　编 ⊙ 王　禄　刘春博　杨　飞
副主编 ⊙ 张笔觅　石晓岩　胡议丹
　　　　赵雪梅　高　娜　吕智超
　　　　杨　潇

清华大学出版社
北京

内 容 简 介

本书采用精益创业的方法,通过客户访谈审计、用户画像分析、独特卖点挖掘、最小可行性产品制作、收入成本核算、增长渠道寻找等手段,使读者掌握更好、更快地设计和开发新产品的方法。本书模拟了"验证性"实践,即向市场推出极简的原型产品并试验产品是否符合用户需求,然后以最快的速度进行迭代的创业思路。

本书从经典案例分析到小组实践操作,使读者基本能够掌握从 0 到 1 的快速探索,并通过确定可衡量的指标或判断的数据,随时对阶段性结果进行检测和验证,提升创新业务效率。

本书适合高职高专学生作为教材使用,也可供一般社会读者阅读参考。

图书在版编目(CIP)数据

大学生创业实践手册 / 王禄,刘春博,杨飞主编.

2 版. --北京:清华大学出版社,2025.2(2025.9 重印). --(高职高专素质教育系列教材). -- ISBN 978-7-302-68461-9

Ⅰ. G717.38

中国国家版本馆 CIP 数据核字第 20251S2Q13 号

责任编辑:刘士平
封面设计:张鑫洋
责任校对:刘 静
责任印制:丛怀宇

出版发行:清华大学出版社
    网   址:https://www. tup. com. cn,https://www. wqxuetang. com
    地   址:北京清华大学学研大厦 A 座   邮   编:100084
    社 总 机:010-83470000   邮   购:010-62786544
    投稿与读者服务:010-62776969,c-service@tup. tsinghua. edu. cn
    质量反馈:010-62772015,zhiliang@tup. tsinghua. edu. cn
    课件下载:https://www. tup. com. cn,010-83470410
印 装 者:三河市君旺印务有限公司
经   销:全国新华书店
开   本:185mm×260mm   印   张:14   字   数:248 千字
版   次:2021 年 3 月第 1 版   2025 年 2 月第 2 版   印   次:2025 年 9 月第 2 次印刷
定   价:45.00 元

产品编号:111821-01

前　言

　　习近平总书记在全国教育大会上强调,以科技发展、国家战略需求为牵引,着眼提高创新能力,优化高等教育布局,完善高校学科设置调整机制和人才培养模式,加强基础学科、新兴学科、交叉学科建设和拔尖人才培养。当前,科技革命和产业变革正加速演进,知识不断更迭,我们应该如何迎接这未来之战呢?答案唯有"创新"二字。本书在创新创业教育新格局的背景下,进行了修订再版。

　　2017年8月15日,习近平总书记给中国"互联网+"大学生创新创业大赛"青年红色筑梦之旅"的大学生回信,勉励大学生"扎根中国大地了解国情民情,在创新创业中增长智慧才干,在艰苦奋斗中锤炼意志品质,在亿万人民为实现中国梦而进行的伟大奋斗中实现人生价值";以数智化创新教育赋能人才培养,闯出加速度,创出新天地。

　　精益创新是一种将精益理念与创新实践相结合的方法论,不仅仅关注创新的成果,更注重创新的过程。本书第2版仍然以"精益创新"为抓手,内容在第1版的基础上进行修订与完善,紧跟中国国际大学生创新大赛(2024)的步伐,利用精益创业画布,设计8个模块内容,这种精益创业的思维模式有助于培养大学生的创新能力。精益创新强调以客户需求为导向,培养大学生的市场洞察力和敏锐度;精益创新注重流程优化和持续改进,培养大学生在创新实践中不断反思、优化和迭代自己的创意与方案;精益创新鼓励团队合作和跨部门协作,培养大学生的团队协作能力和沟通能力。精益创新将推动高校创新人才培养模式从"知识传授为主"转向"能力素质培养为先"的深刻变革。

　　本书第2版对原有案例进行了部分增减,旨在反映创新创业的最新动态,满足教学需求,提高教材质量。本书从编写到出版,作者几易其稿。随着大数据、人工智能、云计算等数智技术的迅猛发展，社会对创新创业人才的需求发生了深刻变化，限于编者水平，疏漏之处在所难免；"大学生创新创业教育与实践"在线开放课程已经在"学银在线"平台上线，欢迎广大师生登录学习，对教材和课程中的不当之处敬请批评指正，以便进一步修改完善。

编　者

2025 年 1 月

目 录 ▐▐▐

课 程 目 标

　　大学生创业实践是一门实践性较强的公共基础课程,本书依据各专业人才培养目标和培养创新应用型人才的需要,确定本课程的教学目标。

知识目标:

1. 掌握精益思维与迭代。

2. 掌握精益创业画布 9 大模块的内容。

3. 掌握最小可行性产品内涵及设计原则。

4. 掌握海盗指标的意义。

能力目标:

1. 能够进行用户访谈和心理画像。

2. 能够使用画布进行创业项目的设计和分析。

3. 能够设计最小可行性产品并验证。

素质目标:

1. 培养学生沟通、演讲与团队协作的能力。

2. 培养旺盛的求知欲和终身学习的习惯。

3. 促进学生创业、就业和全面发展。

课 程 内 容

　　本课程主要以精益创业画布的 9 大模块为主要内容，按照高职学生特点和教育教学认知规律，由浅入深地实现能力的递进，共设计了 8 个项目，具体内容如下。

序号	教学内容	技能内容与教学要求	知识内容与教学要求	素质内容与教学要求	学时	
					理论学时	实践学时
1	小步快跑快速试错	技能内容： "棉花糖塔"的搭建 教学要求： 能够理解精益思维的内涵	知识内容： 1. 精益生产和精益创业 2. 精益创业的发展 3. 精益创业的应用 教学要求： 掌握精益思维的产生过程及内涵	素质内容： "棉花糖塔"搭建后心得分享 教学要求： 通过搭建"棉花糖塔"，培养学生团队意识和沟通能力	2	2
2	破冰之旅初识画布	技能内容： 创业项目循环互检 教学要求： 能够绘制团队画像和确定创业项目	知识内容： 精益创业画布 教学要求： 掌握精益创业画布的演变、内容和布局	素质内容： 破冰 教学要求： 1. 打破小组成员之间的隔阂，消除紧张气氛 2. 培养学生对陌生环境的适应能力	2	2
3	感同身受洞察人心	技能内容： 用户画像绘制 教学要求： 能够根据用户访谈确定问题是否为"痛点"，进行目标客户画像绘制	知识内容： 1. 真需求和伪需求 2. 用户特征细分 3. 用户访谈要点 教学要求： 掌握用户访谈的依据，设计访谈提纲	素质内容： 用户访谈演示 教学要求： 培养学生认真耐心的态度，归纳总结的能力	2	2

续表

序号	教学内容	技能内容与教学要求	知识内容与教学要求	素质内容与教学要求	学时	
					理论学时	实践学时
4	不可替代撬动顾客	技能内容：产品独特卖点挖掘 教学要求：能够依据客户需求和心理，找寻产品的与众不同之处	知识内容：1. 核心竞争力 2. 独特卖点总结思路 3. 同理心 教学要求：掌握独特卖点的挖掘原则和解决方案的内涵	素质内容：同理心视频 教学要求：培养学生换位思考的意识，多站在别人的角度考虑问题	2	2
5	众里寻他量入"计"出	技能内容：抖音案例分析 教学要求：能够根据知乎、抖音等案例，分析出其找到客户的渠道	知识内容：渠道的选择 教学要求：掌握在销售过程中，获得用户的渠道类型	素质内容：收支平衡理念 教学要求：培养学生理财意识，成本分析能力	2	2
6	海盗模型"病毒"增长	技能内容：分析项目增长引擎，绘制海盗模型 教学要求：能够掌握用户获得、激活、留存的途径	知识内容：1. 海盗模型的意义 2. 用户获取、激活、留存、口碑推荐的方式 教学要求：掌握项目增长的途径和方法	素质内容：获得客户训练 教学要求：培养学生与人沟通的能力和留存客户的创新能力	2	2
7	验证痛点反躬内省	技能内容：MVP 的制作 教学要求：能够掌握根据最小可行性产品（MVP）的要求，完成项目的MVP 视频或产品	知识内容：MVP 的制作原理 教学要求：能够掌握根据最小可行性产品（MVP）的要求，完成项目的MVP 视频或产品	素质内容：思想与行动先行验证 教学要求：培养学生及时将创意投入市场，反馈用户需求，去伪存真的能力	2	2
8	初成画布模拟路演	技能内容：精益创业课程作品展示 教学要求：各组能够展示完成的精益创业画布、小组画像、人物访谈画像、MVP 视频或作品	知识内容：精益创业课程梳理 教学要求：能够掌握精益思想的应用价值	素质内容：团队展示 教学要求：培养学生语言表达能力、逻辑思维能力、团队合作能力	2	2

课 程 考 核

本课程为考查课,通过过程性考核和终结性考核分别进行考核。

| 考核项目 | 过程性考核(40%) | | 终结性考核(60%) | | 总成绩 |
	项　　目	比例	项　　目	比例	(100%)
小步快跑 快速试错	精益创业的由来,精益 思想的核心	5%	精益创业的主旨	5%	10%
破冰之旅 初识画布	精益创业画布的组成	5%	精益创业画布的模块 意义	5%	10%
感同身受 洞察人心	同理心的意义	5%	画布中模块一、模块二 的完成程度	5%	10%
不可替代 撬动顾客	展示客户画像	5%	画布中模块三、模块四 的完成程度	10%	15%
众里寻他 量入"计"出	寻找客户的渠道	5%	画布中模块五、模块六、 模块七的完成程度	10%	15%
海盗模型 "病毒"增长	海盗模型的意义	5%	画布中模块八、模块九 的完成程度	10%	15%
验证痛点 反躬内省	MVP 的设计原则	5%	MVP 的展示	10%	15%
初成画布 模拟路演	最终成果	—	最终成果展示	10%	10%

写在学习之前

每个人都有一个美丽的梦想，都想要梦想成真！实现梦想的道路就在我们脚下，这里没有捷径，只有深深的脚印和淋漓的汗水。

人出生时的境遇是不一样的，有的在农村，有的在城市；有的富足无忧，有的穷困潦倒……这些我们无法选择。尽管如此，各行各业仍有无数的杰出人士，可能是企业家、工程师、科学家，也可能是优秀的职员，那么是什么影响着他们的发展呢？是精神。这种精神来源于人们对自己的正确认识，来源于创新精神和创新意识。

在科技发展的今天，"大众创业、万众创新"已经成为时代的主旋律，我们要伴着这个主旋律，翩翩起舞，展示自己的青春风采。无论今后创立自己的企业，还是成为人民的公仆，抑或是在平凡的岗位上实现自己的价值，你都将遇到不同的人、不同的事，创新创业精神将使你终身受益。

人类社会的发展和进步，是通过不断创新来实现的。创新不仅是推动人类文明进步的主要因素，而且是保护和传承文明的主要动力。只有不断创新，我们才能永葆自己的文化特色，我们的民族才能屹立于世界民族之林。青年一代是国家和民族的希望，培养大学生的创新精神和创业能力，是高校创新创业教育的目的所在。

那么在开始课程之前，请大家思考下列问题，并用笔记录下来。

一、你是否会学习呢

1. 你觉得学习的动力源自什么？

2. 你认为小组表现得优秀取决于哪些因素？

3. 你希望的创新创业课堂是什么样的？

二、给自己定一个小目标

1. 在专业课程学习方面：

2. 在生活方面：

3. 在个人成长方面：

4. 在创业、就业实践方面：

三、学习团队组建

1. 你们团队有多少人？

2. 你了解你的团队成员吗？

3. 你希望在团队中扮演什么角色？

4. 你认为应如何调动团队的参与积极性？

四、关于创业的几个问题

1. 在过去的几年,社会上有哪些创业项目或创业现象？

2. 对于刚才说到的项目,现在的经营状况如何,是成功的还是失败的？

3. 结合自己和团队的意见,说出哪些因素可能给创业带来风险。

(1)

(2)

(3)

(4)

(5)

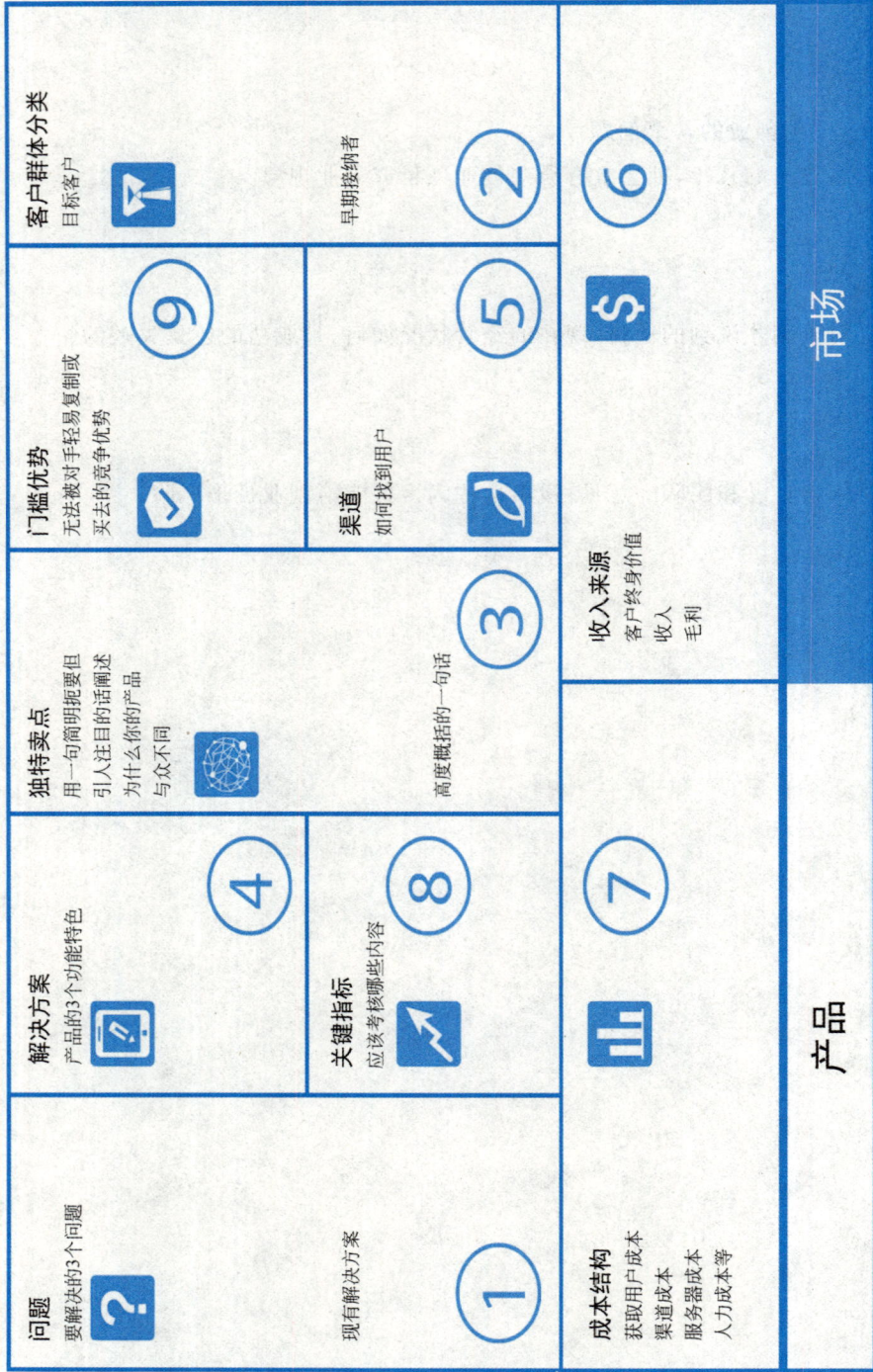

精益创业画布

问题
要解决的3个问题

? ①

现有解决方案

解决方案
产品的3个功能特色

④

关键指标
应该考核哪些内容

⑧

独特卖点
用一句简明扼要但引人注目的话阐述
为什么要你的产品
与众不同

⑦

高度概括的一句话

门槛优势
无法被对手轻易复制或买去的竞争优势

✓ ⑨

渠道
如何找到用户

∂ ⑤

客户群体分类
目标客户

⚑ ②

早期接纳者

成本结构
获取用户成本
渠道成本
服务器成本
人力成本等

收入来源
客户终身价值
收入
毛利

$ ⑥

产品

市场

开篇 创业初体验

案例

以下是哈尔滨工业大学 2015 级博士生冷晓琨的成长历程。

1. 冷晓琨是谁？他拥有什么？

冷晓琨从小是一名机器人"发烧友"，不仅玩机器人，还研发机器人，他一直参加机器人大赛。因为成绩优异，初中、高中、本硕博均被保送。

大一时，他每天利用课余时间进行机器人编程研究。也是在大一期间，他率领机器人团队上了春晚。为了找出发射器最合适的角度及高度，他带队员们反复调试，每天都高负荷工作 10 个小时以上。"事必躬亲，以身作则"是冷晓琨作为队长和基地负责人一直坚持的原则。

2013 年中秋节，实验室的同学们提前约好一起去爬山，但是由于前一天晚上零件组装发生意外，没有达到预期效果，实验室全员奋战到凌晨 3 点半，终于排除了故障。当大家在爬山的行程中欢度中秋时，冷晓琨选择自己留在实验室完成项目的验收工作。

冷晓琨科研能力突出，2016 年获得全国青年人工智能创新创业大会一等奖，入选福布斯 2018 年亚洲"30 位 30 岁以下精英"，2023 年，获深圳市五一劳动奖章。

2. 他要做什么？关键业务是什么？

2015 年，冷晓琨与志同道合的伙伴们走上了创新创业的道路，创立了哈尔滨乐聚智能有限公司（以下简称"乐聚公司"）。公司刚刚成立两个月，就吸引到 1 000 万元的天使投资。公司掌握了从机器人整体结构设计、核心部件生产到人工智能算法研发的一系列技术，在智能机器人领域的类人型机器人步态规划核心技术上，处于国际先进水平。

3. 他能帮助谁？

冷晓琨需要考虑他的机器人服务于哪些客户群体，谁能为他的产品买单。他研发的机器人适合教学使用，又具备价格优势，因此获得了国内很多中小学及大学实验室的认可。乐聚公司研发的机器人目前已经推广到 K12 教育中。

4. 他怎样帮助他人？

乐聚公司的理念是：创造最富有灵感的机器人，让高度智能的机器人真正走进人们的生活。

5. 他如何向客户传递价值？

冷晓琨参加了多档电视节目，研发的人形机器人不仅登上了春晚舞台，还在平昌冬奥会闭幕式"北京八分钟"节目中出现。乐聚公司还建立了微信公众号用作宣传。此外，冷晓琨最重视的是向客户提供"靠谱"的解决方案和服务，因为客户的口碑是最好的宣传。

6. 他如何保持良好的客户关系？

冷晓琨在公司专门建立了客户服务部门，表示公司对客户的诚信，为客户提供优质的产品和服务是保证良好客户关系的基石。

7. 谁可以帮助他？

乐聚公司上下游合作伙伴，以及他在哈尔滨工业大学的导师、老师们都能为他提供帮助。

8. 他能收获什么？

在精神层面，冷晓琨作为创始人创立公司，把个人的兴趣发展成事业，实现了他的人生价值；在物质层面，他也有了不菲的收入。

9. 他需要付出什么？

冷晓琨创立公司，从学生成为创业者，投入了大量精力。创业公司会面临各种困难和繁杂的事情，需要他及时解决。他负责研发工作，加班是常态，需要承受交付产品的压力，并面对诸多的技术挑战。

上文列举的冷晓琨的成长经历就是一张个人的商业模式画布。个人商业模式画布可以帮助我们进行系统的思考，发现自己拥有的资源和提升空间，找到自己与社会之间的关系及互动方式，进一步思考应该通过哪种方式调动自己的全部才智、天赋与资源，实现个人发展与职业发展的完美结合。

一、个人商业画布

（一）核心资源（我是谁？我拥有什么？）

公司可以汇集大量的人力、财力、实物和知识资产，如员工、资金、设备、房产和知识产权，而个人掌握的资源往往非常有限。个人核心资源主要包括两个方面，一是"我是谁"，主要包括兴趣、技能和个性；二是"我拥有什么"。具体来说它包括知识、经验、人际关系，以及其他有形和无形的资源或资产。

兴趣是指那些能让人感到兴奋的事物，这或许是最宝贵的资源，因为兴趣是催生职业满足感的动力。可以在"核心资源"部分列出自己最感兴趣的方面。技能是第二大资源，它包括能力与技术。能力是指与生俱来的天赋，即做起来比别人感到轻松的事情，例如，空间感知能力、人际沟通能力和机械应用能力。与此相反，技术是指后天习得的能力，是通过大量的实践和学习、熟能生巧的本领，例如，计算机编程、财务分析、建筑设计等。个性是体现内在个人特征的因素，也属于个人的一项资源。可以试着描述自己是什么样的人，例如，情商高、勤奋刻苦、性格开朗、遇事冷静、镇定自若、深思熟虑、精力充沛、关注细节等。此外，"我是谁"还包括价值观、智力水平、幽默感、教育程度、人生目标等诸多内容。

"我拥有什么"可分为有形资源和无形资源，包括知识、经验、人际关系等。例如，如果自己有许多好朋友，可以在表内写下"人脉广泛"，同样，还可以说自己项目经验丰富、参加过多个学科竞赛、发表过论文、拥有专利等。

"我是谁" = 兴趣 + 技能 + 个性

"我拥有什么" = 有形资源 + 无形资源

总之，在核心资源部分，尽可能列出所有个人要素。这些要素必须能够描述自己，能够把自己与其他人区分开。在总结自身资源的时候可以发现，个性属于内心最深层的一面，它需要在不断的自我反思中，甚至在发生一些冲突时，才能真正体会到，如图 0-1 所示。

1. 寻找兴趣

推荐以下三个方法。

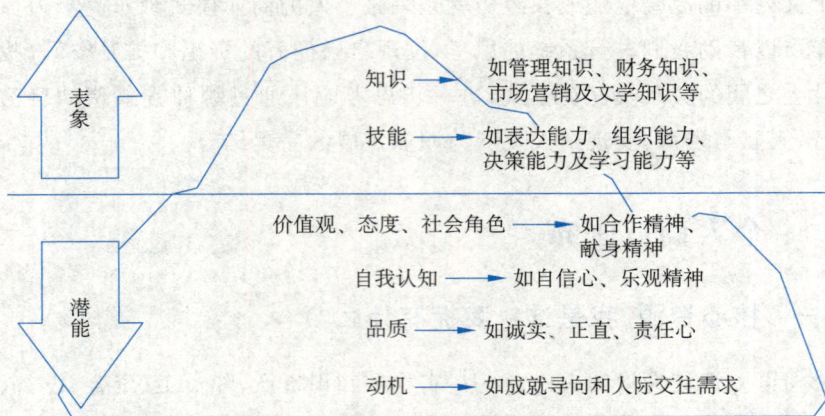

图 0-1　冰山模型

（1）多尝试。不去尝试，怎么会知道自己喜欢什么呢？对于很多事情，人们如果只是听说，往往会听信一面之词。

（2）多总结。世界上有成百上千个行业与职业，不可能都去尝试。所以，需要举一反三地进行总结，问自己一些深层次的问题。例如，自己不喜欢研发这项工作，这只是浅层现象，需要问自己：为什么不喜欢研发？不喜欢它的哪个方面？是对编程没信心，还是不喜欢面对机器修补程序漏洞？这项工作有没有哪方面是自己相对喜欢的？只有这样问自己，才会更快地知道自己的兴趣。如果能够将之前做过的工作（甚至业余爱好），都按它的内容构成进行剖析和总结，那么就不需要把所有工作都尝试一遍才知道答案。举例来说，因为讨厌做销售工作，那么下一份工作就不是"非销售"这么简单，而可能要去找不太需要应酬的工作。

（3）做测评。测评工具有很多，如霍兰德职业兴趣测试、职业锚等，这些都是职业兴趣类的测评。当自己没有太多工作经验时，测评可以作为辅助工具。但任何测评的实质都是分类和贴标签，所以测评只能作为参考，还是要多尝试并举一反三。

2. 知识

知识很容易盘点，因为它是在冰山模型的上面，所学专业、获得的认证等都可以记作知识。

3. 技术

自己有什么本领？掌握多少种语言？能用什么工具？不仅包括工作中的技能，而且包括业余爱好。有时候，将业余爱好与本职工作结合起来，可能会发现一些跨领域的新机会。

4. 能力

能力方面的评估,也可以通过他人的反馈来获取,因为人们有时候觉得自己某些能力很强,但别人未必这么认为,所以可以寻求身边同事和朋友的反馈。例如,可以在网上搜索能力词典,找到能力清单,并从中挑选出自认为不错的能力项,也可让身边的同事、朋友帮助挑选,对比分析之后,发现自己能力的优劣势所在。

充电链接

现代第一个创造力测试

吉尔福特在第二次世界大战期间被指派去设计一项能够挑选出最佳轰炸机飞行员人选的性格测试。为此,他使用了智力测验、评分系统及面试等方法,但令他大为恼火的是,美国空军委派了一名没有经过心理训练的退役空军飞行员帮助他进行筛选工作。他并不信任这名退役空军飞行员,最终,他们俩挑选了不同的候选人进行测试。非常奇怪的是吉尔福特挑选的飞行员与退役飞行员挑选的人选相比,被击落毙命的人数多出许多。吉尔福特为自己将如此之多的飞行员送上绝路而沮丧不堪,以致他想到要自杀。但最终他没有那样做,他决心要找出退役飞行员的人选比自己的人选出色的原因。这位退役飞行员说,他问了所有飞行员候选人一个问题:"你在飞过德国时,如果遭遇德国的防空部队炮火怎么办?"他淘汰了所有回答"我会飞得更高"的候选人,而挑选了违反飞行条例准则的人,例如那些回答"我不知道,可能我会俯冲"或"我会'之'字形前进"或"我会转圈,掉头避开火力"的人。遵循飞行条例准则的飞行员都是可被预测的人,这就是吉尔福特失败的原因。因为德国人清楚美国飞行员遭遇炮火时会飞得更高,因而他们的战斗机会停留在云端,准备将美国飞行员击落。换句话说,那些具有创造力不按照准则飞行的飞行员会比那些可能更聪明但却局限于规则的飞行员更容易幸存下来。吉尔福特突然意识到,一个人具有独特思维和富有创造力,也是一种才华,于是他决定进一步研究这种才华。他要找出那些能够灵机一动就想出绝妙办法、具有创造力的人,作为飞行员的合适人选。

随后,吉尔福特为美国空军设计了世界上第一套创造力测试方法。问题之一就是让候选人尽可能多地说出砖的用途。问题虽然简单,但却是测试候选人创造力的绝佳方法。有些人不费吹灰之力就可以不断地想出砖的不同用途，而另外一些人却需要经过长时间思考，并且只给出了砖的几种用途。

（二）关键业务（我要做什么？）

关键业务取决于核心资源，也就是说，"我是谁"必然影响着"我要做什么"。在描述这个模块时，可以想一想日常工作中经常做的事情。实现从关注技能到关注价值的转变是很艰难的过程，这也正是个人商业模式画布的价值所在。这个模块要求我们必须找到一个可以付出热情的兴趣点，一个可以在满足自己的同时为他人提供帮助的兴趣点。

如果自己有职业目标，例如，想做软件研发工程师，那么就把其主要工作任务写在这部分；如果暂时没有职业目标，那么在后面的内容中再来完成。这里需要注意以下两点。

（1）目标宜近不宜远。太远的目标（如你现在是大二学生，目标是十年后创业）可能根本不知道如何着手，且过于遥远的目标，中途发生变化的可能性极大。因此，写下未来三年的目标即可。如果确实有一个远期目标或者理想，那么也可以从目标往回推，先确定三年内的目标，并写在画布上。

（2）任务罗列宜粗不宜细。任务罗列提炼两三个重点即可。这是锻炼结构化思维的一种方式，即把琐碎的工作事件归纳为几大工作任务。

（三）客户群体（我能帮助谁？）

客户群体是指那些付费享受某种利益的群体，也包括那些免费享受利益，必须通过其他人付费的群体。

作为个体，其客户或客户群体还包括企业内部依靠其帮助来完成任务的人。因此，老板、上司及其他向其支付报酬的人都在此列。他们授权组织机构向个体支付费用，属于客户群体中的一类。个体在工作中扮演的是什么角色？是否在企业内部为他人服务？是否要和同事密切合作？谁依赖他的工作？谁会从其工作中获益？同事虽然不支付工资，但工作表现及能否继续工作下去的原因恰恰取决于为同事服务的质量。此外，还要考虑和所在企业打交道的人。

（四）价值服务（我怎样帮助他人？）

这个模块是思考个人职业的过程中最重要的部分。在定义这个模块时，可以问自己两个问题："客户请我完成什么工作?""完成这些工作会给客户带来什么好处?"理解关键业务如何为客户带来价值非常重要,这是描述个人商业模式的基础。

(五)渠道通路(如何向客户传递价值?)

盘点了核心资源,找到了客户,通过关键业务奠定了价值服务基础后,接下来的问题是如何向客户传递价值。这便是渠道通路,即商业术语中的"营销过程"。潜在客户怎样才能知道你能帮助他们? 潜在客户怎样才能决定购买你的产品或服务?

(六)客户关系(我怎样和客户打交道?)

和客户打交道、处理好与客户的关系十分重要。怎样和客户打交道? 面对面还是发邮件? 是追求拓展,还是维持现状?

(七)重要合作伙伴(谁可以帮助我?)

重要合作伙伴是指那些支持自己的工作、帮助自己顺利完成任务的人。他们可以提供行为动机、良好的建议和成长机会,能提供完成任务所需的其他资源。重要合作伙伴包括工作中的同事和导师、职业圈内的成员、家人、朋友及专业顾问。

(八)收入来源(我能收获什么?)

这里的收入是广义的概念,包括物质回报和非物质回报。物质回报包括薪酬、福利、股票、期权等;非物质回报包括环境氛围、发展机会、成就感、满足感等。写下收入来源,例如,工资收入、专业服务费、健康保险、养老金等。还可以加入一些软收益,例如,满足感、成就感和社会责任等。

(九)成本结构(我需要付出什么?)

个人跟企业的商业模式画布其实是有区别的。对企业来说,成本和收入更多的是财务上的数据;但对个人来说,还需要考虑工作是否开心、有没有发展等,还包括在工作中的付出,包括时间、精力和金钱,也包括压力感和失落感等软成本。

"我需要付出什么"＝时间＋精力＋金钱

成本＝"硬"成本(培训费、交通费、水电费等)＋"软"成本(压力感、失落感等)

把个人商业模式画布的 9 个模块依次分析透彻之后，便需要给自己一个清晰而满意的定位。在规划职业蓝图时，我们常常会纠结于技能是否达到要求。然而，目标胜过技能，分析价值服务和个人目标带来的职业机会要比单纯考虑技能带来的职业机会大得多。并且，只有确定了自己的人生目标，才能自上而下地对个人商业模式加以引导。

想一想

闭上眼睛，想象你乘时光机来到 10 年以后，你看到一家知名媒体刊登了一篇关于你的报道，有一张你的照片，还刊登了你说过的一句话，你希望知道的是：

(1) 是哪家媒体进行的报道？

(2) 这篇报道的内容是什么？

(3) 报道中引用了你的哪句话？

专栏内容

企业家精神：不拘泥于现状，不受困于现有资源，把个人的发展与国家和民族的前途命运紧密联系在一起，在不可能中创造可能，在开疆拓土中创造先机。

工匠精神：精益求精、持之以恒，板凳甘坐十年冷，二十年磨一剑，为国造重器，一生追求卓越，耐心、专注、坚持、敬业，中国人依靠工匠精神创造出一项又一项辉煌，留下一步接着一步的扎实脚印。

企业家精神更注重宏观思考，工匠精神则更注重微观实践，两者互为基础、共同发力,在辩证中实现统一。

对于国家来说,既要着眼历史、着眼全局、着眼未来、谋划蓝图、制定战略,又要抓住矛盾、聚精会神、攻坚克难、持之以恒,这就是我们国家的"创业"。对于大学生来说,道理也相通,需要我们用"创业"的思维来寻求个人发展和国家民族发展的高度统一,需要我们既能站得高、看得远,像企业家那样去思考谋划,也能弯下腰、沉住气,像大国工匠那样去实践、坚守,在制定、践行自己人生目标的过程中把握好这两种精神,用实际行动彰显青年人才的个人抱负和家国情怀。

(1)你了解我国的哪位"大国工匠"?请说一说。

(2)请根据自己的专业或爱好,谈一谈其中的工匠精神和创新点。

练一练

完成自己的个人商业模式画布(见附录二)。

二、个人商业模式画布的作用

个人商业模式画布的主要用途包括职业规划和职业选择两个方面。

(一)职业规划

当我们有了职业目标,把目标的画布画出来以后,会很容易发现自己在哪些模块还有欠缺,知道自己应该朝什么方向努力。例如,若核心资源还不够,那么就需要提升自身能力,或者需要寻找合作伙伴,或者需要进一步通过渠道通路来宣传自己。定期分析自己就如同企业定期做战略规划一样,需要不断地优化。

(二)职业选择

在做职业选择的时候,个人商业模式画布也是一个很好的工具。当有两个工作可以选择时，可以画两个画布，或者在同一张画布中用不同的颜色将它们表示出来。接下来进行对比：哪个工作更能实现目标？哪个工作更能利用核心资源？成本和收入如何？这些情况会一目了然。

个人商业模式画布是一张"关系图"，阐述了"核心资源""关键业务"和"价值服务"之间的关系，明确了个人和"客户群体"之间的关系，通过个人目标说明，搭建了自己与更大服务目标之间的关系。正如一张好的地图可以指导探索者前进一样，个人商业模式画布也能为我们带来工作或生活上的成功。

三、测试商业模式

测试商业模式，即寻找谁为我们提供的服务买单。对于大学生来说，可以通过以下两种方式测试商业模式。

（一）寻找客户

寻找客户，迈出宿舍，和对方交谈，进而成功获得理想中的客户。精明的企业家测试新产品或新服务时会选择"和潜在客户交流"，客户最好来自自己想求职的目标企业。

（二）去目标企业实习

在校大学生可以去目标企业实习，在真正的环境中测试个人商业模式是否符合雇主，也就是客户的要求。在一线感受职场，对大学生来说是难能可贵的接触社会的机会。在测试个人商业模式时要注意，画布的每个模块都包含多种假设，因此每个模块都必须经过客户测试。具体包括以下内容。

- 你建议实施的关键业务是否实现你所要提供的价值？
- 客户是否关注你想帮他完成的任务？
- 客户是否愿意支付你在收入来源模块中列出的费用？
- 你能承担商业模式所需的成本吗？客户希望你通过哪些渠道联系和获取服务？
- 你准备构建怎样的客户关系？

这些问题都能通过在企业的实习找到答案。在具体操作中，可以先从自己的第一人际圈入手，例如，和家人、朋友、老乡、校友进行交流，告诉他们自己正在围绕目标建立个人的职业规则。

在开始和对方讨论之前，下面两个问题可以让我们了解对方（个人或者所在组织)的商业模式。

- 您是怎么进入这个行业(或这家公司)的?
- 在未来的 6~12 个月中,您会面临哪些挑战?您将如何应对?您所做的工作将帮助到哪些人?他们是客户、供应商,还是政府?您如何看待这个领域未来的变化趋势?

幸运的话,对方会给出提示甚至开诚布公地谈论自己的工作、重要合作伙伴及商业模式的其他方面。如果是这样,就可以继续讨论价值服务及个人商业模式中的其他方面。如果会谈非常顺利,那么根据情况的发展及你所能提供的服务,也许可以当场和对方建立合作关系。

如果在交谈中发现,商业模式不满足目标客户或企业的要求,便需要重新审视个人商业模式,通过修改模块内容的方式进行改善。调整的内容可以有很多种,例如,寻找新客户,调整渠道通路,提升自己的核心资源,增加技能,重新思考商业模式画布中的多个模块等。

当客户有了意愿,愿意为产品或自我本身买单时,个人商业模式便得到了验证。接下来就进入执行阶段。这时,个人商业模式画布基本完成,此后就是在实践中进一步优化。

需要注意的是,校友资源是不可忽视的,其所在的公司也许就是自己未来入职的企业。校友之间的学习经历相近、专业方向类似,其商业模式、成长轨迹可以作为自己的范例;每次与校友会谈后都要总结经验,久而久之之后会发现,自己对个人商业模式的生存能力、客户组织机构的商业模式都有了更清晰的认识。

四、创业团队的组建

乔布斯曾经说过:"一名优秀的员工可以顶 50 名平庸的员工,并不是说一个人可以干 50 个人的工作,而是他可以影响到很多人,带动效率的提升。对于优秀的员工,只要告诉他要做什么事、要什么效果,他就会想办法搞定。越是出色的人,越善于在缺乏条件的状态下把事情做到最好;越是平庸的人,越是对做事的条件挑三拣四。"所以,人才是企业发展的重要驱动力。

👥 **案例**

190 人就能做 102 亿美元的生意

2016 年 6 月 21 日,腾讯公司宣布,确认收购日本软银集团所持芬兰游戏公司 Supercell 的股份,占股约 84.3%。这家收购后估值为 102 亿美元的公司,旗下共有《部落冲突》《皇室战争》《海岛奇兵》和《卡通农场》四款游戏。2015年，这些游戏为Supercell带来21.09亿欧元的收入（约23.26亿美元），净利润8.48亿欧元（约9.64亿美元）。Supercell花了六年时间成为全球最赚钱的手游公司，但当时的Supercell只有190人，其中一半是研发人员。该公司每个团队由7人组成，他们迅速开发游戏，然后迅速淘汰不合格的游戏（但只有1人能做出淘汰决定，就是提出创意的人），这种精简的组织机构是高效率的重要保障。

2014年，Facebook以190亿美元收购了即时通信应用服务WhatsApp，当时WhatsApp仅有35名工程师，但该应用的用户数量已经超过4.5亿。目前，WhatsApp的用户数量超过10亿，但工程师仍旧保持在50人左右。

之前我们进行了个人商业模式的建立和测试，以便在组建团队时彼此了解。那么，应该选择什么样的团队成员呢？是相似的还是互补的？

- 在知识、技术和经验方面的互补性非常重要。要建立优势互补的创业团队，主内与主外的不同人才、耐心的总管、具有战略眼光的领袖、技术与市场等各方面的人才不可偏废，且在团队的搭配上更应包含个人性格与看问题角度不同的人才。
- 在个性、动机方面的相似性非常重要。个性、动机方面的相似性有助于团队交流与沟通，从而形成良好的工作氛围及团队合作的精神和理念。这样的团队，会对创业项目更有热情。

团队需要多少人？创业是带领着一群人去实现一个愿景，需要一群人一起努力多年才可能成功，一个创业公司每个阶段需要多少人，不能一概而论，需要根据不同的情况确定。这里引用清科集团的创始人、董事长兼CEO倪正东的观点：联合创始人不要超过3个（除非起步就是个明星级的大项目，如小米）；在没拿到投资之前，如果有盈利业务，人数不要超过10个，如果没有盈利业务，人数不要超过5个；在拿到第一笔投资后，如果投资金额没超过500万元人民币，又没有客服和大量销售人员，人数不要超过15个。

创业不容易，如果从一开始就建立一个有效率的创业公司，那么成功的可能性会大大增加。很多创业者在拿到VC（风险投资）的资金后，会在第一年花掉资金的50%～80%，然后在第二年把剩下的钱花掉。他们融资后会雄心勃勃地干三件大事：扩大办公室或者搬入豪华办公室；涨工资，大幅招人；大幅增加市场营销费用。之后，他们没钱了，处在生死边缘。很多创业者，都会因为曾经花钱太快而后悔。

案例

　　世界上最好的团队是唐僧团队。唐僧是领导,也是最无为的一个,唐僧迂腐,只知道"获取真经"才是最终的目标。孙悟空脾气暴躁却有通天的本领,猪八戒好吃懒做但情趣多多,沙和尚中庸但任劳任怨,这样的团队无疑比"一个唐僧,三个孙悟空"的团队更能精诚合作、同舟共济。这就是团队精神,有了猪八戒才有乐趣,有了沙和尚才有人担担子,少了谁都不可以,他们相互支撑,虽然关键时刻也会吵架,但价值观一直不变。

唐僧 (完美型性格)	优势:勤于思考,喜欢探索人的心灵世界,追求至真至善的境界,能以缜密的思维和杰出的才华为世人奉献惊世之作;严于律己、目标长远、才华出众、崇尚美德,重感情、识英雄,乐于为自己选择的事业做好计划,并尽力确保每个细节都能做到完美
	劣势:时常敏感,易受伤害,遇到问题自责甚深,甚至"庸人自扰"
孙悟空 (力量型性格)	优势:永远充满活力,不停地挑战自己的极限,对他来说,达成目标和成功非常重要。这种性格的人崇尚行动,通常是组织中的铁腕人物,喜欢控制,看重工作结果
	劣势:忽视人的感情,有时显得霸道、粗鲁和强硬无情,适合做业务骨干
猪八戒 (活泼型性格)	优势:情感外露,热情奔放,懂得在工作中寻找乐趣,是故事大王、大家的开心果。有他在,团队的生活就多姿多彩、笑声不断,是团队中的困境帮手
	劣势:语言的巨人、行动的矮子,说得多、干得少;凭兴趣做事,好逸恶劳、贪图享受、没有秩序,对团队缺乏责任心
沙和尚 (和平型性格)	优势:能在暴风骤雨中确保稳定,原则性强,遵守游戏规则,习惯于避免冲突;友好平静,能直面一切困苦、麻烦;待人平和,是所有人的朋友
	劣势:存在感不高,给人一种没有主见、不热情、不愿负责的表现;没有太多激情,也很少讥讽别人;随遇而安、平庸无奇,没有进取心

想一想

除了唐僧四人团队,你还知道哪些优秀的团队?

　　创业团队的组建没有统一的格式化规程,没有一支创业团队的组建可以被完全复制。一般创业团队的构成基本符合以下原则。

　　(1)互补原则。弥补创业目标与自身能力之间的差距,发挥出"1+1>2"的协同效应。

（2）精简高效原则。为了减少创业期的运作成本，最大比例地分享成果，创业团队的人员构成应在保证企业高效运行的前提下尽量精简。

（3）动态开放原则。创业是一个充满不确定性的过程，团队中可能因为能力、观念等多种原因不断有人离开，同时也不断有人加入。因此，在组建创业团队时，应注意保持团队的动态性和开放性，使真正符合要求的人员加入到创业团队中。

大学生组建创业团队，可大致分为下列步骤。

（1）明确创业目标。总目标确定后，可以将其分解，制定若干可行的、阶段性的子目标。

（2）制订创业计划。一份完整的创业计划，必然包含创业核心团队计划和人力资源计划。通过创业计划，可以进一步明确创业团队的具体需求，如人员构成、人员素质和能力要求、人员数量要求等。创业团队的组建需要契合创业计划的要求，以匹配创业项目的运行。

（3）招募合适的人员。招募合适的人员是组建创业团队中最关键的步骤。关于创业团队成员的招募，主要应考虑两个方面：一是互补性，一般而言，创业团队至少需要管理、技术和营销三个方面的人才；二是人员数量，规模最好控制在 2～12 人，适度的团队规模是保证团队高效运作的重要条件。若团队成员太少，则无法实现团队的功能和优势；若团队成员过多，则可能产生交流的障碍。

（4）划分职权。根据执行创业计划的需要，具体确定每个团队成员所要担负的职责及享有的相应权限，实现"人人有事做，事事有人做，做事有权限，做完有收获"。

（5）构建创业团队制度体系。创业团队的制度体系体现了创业团队对成员的控制和激励能力，主要包括团队的各种约束制度和激励制度。在团队创建初期要处理好资金管理、利益分配的问题。

（6）创业团队的调整融合。随着创业团队的运作，团队组建时在人员匹配、制度设计、职权划分等方面的不合理之处会逐渐暴露出来，这时就需要对团队进行调整，这是一个动态持续的过程。

练一练

作为团队负责人，请你写出几种能够激励员工的方法。

五、"互联网＋"的机遇与挑战

（一）什么是"互联网＋"

"互联网＋"是指创新2.0下的互联网发展的新业态，也是知识社会创新2.0推动下的互联网形态演进及其催生的经济社会发展新形态。

"互联网＋教育"：开启了教育新时代，通过在线课程平台、在线讨论区等，实现了教育资源的多元化和教学的便捷互动。

"互联网＋医疗"：为健康保驾护航，通过远程医疗、医疗信息共享等，提高了医疗服务的便捷性和效率。

"互联网＋工业"：推动工业转型升级，实现了智能化生产、个性化定制和供应链管理的优化。

"互联网＋农业"：助力农业现代化，通过智能农业、农产品电商销售等，提高了农业生产效率和农产品的附加值。

"互联网＋金融"：重塑金融行业格局，提供了便捷的金融服务、创新的金融产品和有效的风险防控。此外，"互联网＋"还在物流、交通、文化等多个领域发挥着重要作用，推动了这些行业的创新和变革。

值得注意的是，"互联网＋"并不是一个冷冰冰的概念，它与我们的生活和事业紧密地联系在一起。每个人都可以对"互联网＋"进行解读，马化腾、雷军、李彦宏等深耕互联网产业的行业专家便分别给出了自己的理解。例如马化腾认为，"互联网＋"就是利用互联网平台，利用信息通信技术，把互联网和包括传统行业在内的各行各业结合起来，在新的领域创造一种连接一切的新生态。

（二）"互联网＋"的特征

（1）跨界融合。"＋"就是跨界，就是变革，就是开放，就是重塑融合。敢于跨界了，创新的基础就更坚实；融合协同了，群体智能才会实现，从研发到产业化的路径才会更垂直。融合本身也指代身份的融合，如客户消费转化为投资，伙伴参与创新，等等。

（2）创新驱动。中国粗放的资源驱动型增长方式已难以为继，必须转变为创新驱动发展的道路。这正是互联网的特质。用互联网思维寻求变革、自我革命，也更能发挥创新的力量。

（3）重塑结构。信息革命、全球化、互联网业已打破了原有的社会结构、经济结构、地缘结构、文化结构。权力、议事规则、话语权不断变化。"互联网＋"社会治理、虚拟社会治理与传统的社会治理有很大的不同。

（4）尊重人性。人性的光辉是推动科技进步、经济增长、社会进步、文化繁荣的最根本力量，互联网的力量之强大，也来源于对人性的最大限度的尊重、对人的创造性的重视。这一特征在 UGC（用户生成内容）、卷入式营销、分享经济中皆有体现。

（5）开放生态。关于"互联网＋"，开放生态是非常重要的特征，而生态的本身就是开放的。我们推进"互联网＋"，其中一个重要的方向就是要把过去制约创新的环节化解掉，把孤岛式创新连接起来，让研发由市场驱动，让创业中的努力者有机会实现价值。

（6）连接一切。连接是有层次的，可连接性是有差异的，连接的价值相差很大，而连接一切是"互联网＋"的目标。

案例

网易味央黑猪

如果来生自己非要变成一头猪，我一定要在名字前面加上几个字——网易味央。

在 2018 年全国两会上，网易公司的丁磊被询问最多的问题不是他的互联网企业网易，而是他利用互联网思维养的"味央黑猪"。从 2009 年横空出世，到如今突破亿元的融资，网易味央在对传统养殖模式的不断反思中，首创了全球第四代养殖技术，实践出了一套生产高效、产出安全、环保节能、可复制的养殖模式。

2009 年，网易携专家组带着一份 900 分制的考评表，考察了 48 处地块，最终将养猪场定在了"联合国人居奖"唯一获得县安吉。在浙江安吉的养猪场内，智能摄像头全程监控，工作人员利用传感器就可以远程监测黑猪的身体状况、进食量和排泄物的具体情况，养猪场也通过对温度、湿度的精准把控，确保黑猪在最舒适的环境中生长（见图 0-2）。最有趣的是，养猪场每天按照不同的时段播放"起床旋律""吃饭进行曲""哺育之歌""睡觉摇篮曲"等音乐，让黑猪每天都能心情愉悦。

图 0-2　网易味央黑猪

不仅如此，在销售层面，网易味央建立了"自育自繁自养自销一体化"的经营模式。一方面，网易考拉海购、网易严选等电商支撑起了自养自销的模式；另一方面，通过对整个产业链的掌控，网易味央为解决国内的食品安全探索出了一条可行之路。网易对传统农业的改造有清晰的思路，即剔除供应链中的冗余环节，让自身在更短、更简洁的供应链中扮演强有力的角色。

此外，在品牌营销上也能看到网易味央的互联网功底，该品牌采用了拍卖、众筹、直播等营销手段。在 2017 年的世界互联网大会上，丁磊邀请了 17 位互联网领域的专家品尝味央黑猪肉，专家纷纷赞不绝口，马化腾赞其"肥而不腻"，张朝阳夸它"秀色可餐"，雷军称其"入口即化"……2023 年，网易味央携重磅新品亮相第 31 届深圳礼品展，继续发扬"地道黑猪，肉更香、更健康"的品牌特色，获业内外人士广泛好评。

在网易味央黑猪创造中国互联网和农业史上的多个"第一"的同时，许多互联网公司也开始涉足养殖业。阿里巴巴为传统的养猪场装上智慧的"ET 大脑"，用 AI 技术帮助传统的猪优生优育；京东成立京东农牧子品牌，将整套名为"神农大脑"和"神农系统"的智能养猪方案推广到养猪行业；腾讯也宣布在贵州贵安新区完成 AI 生态鹅厂的建设，并于 2019 年投产运行。我们有理由相信，运用互联网改造农业，的确会大有作为。

（三）"互联网＋"的机遇

1. 农业

2015 年 3 月的国务院常务会议认为，"三农"工作是政府工作重中之重，必须保持抓农业劲头不松、投入不减、深化改革步伐不停，着力转变发展方式，走新型农业现代化道路，确保国家粮食安全，促进农民增收。会议强调农业现代化，同时提到借助互联网的力量来提升产业。作为中国最大实体产业的农业，在"互联网＋"时代，显然是巨大的待挖掘市场。随着移动互联时代的到来，农业类应用软件大量出现，这些应用在服务内容上复制了传统的农业门户网站，能够为用户提供农业信息推送，在多个领域解决了农户获取信息的问题。

（1）在生产领域，新型互联网技术与农业深度融合，促成自动化、精准化的智能型农业发展模式。以物联网和互联网为代表的新技术的引入，不仅可以使农民实时了解农场的土壤结构、农作物的生长进度、灌溉施肥和病虫害等情况，而且可以通过实时分析为农民提出指导意见，进而有效地提高农业生产的效率。

（2）在销售领域，利用农产品电商这一形式，借助互联网强大的营销能力，创建低廉而高效的营销入口，极大地盘活和繁荣了农村市场。依托电商平台，农民直接与终端消费者对接，可以直接了解消费者的需求，并以需求为导向组织生产和销售，在提高效率的同时，切实提高了收入水平。

（3）在服务领域，借助互联网的整合能力，打造以众筹为主要模式的金融服务平台和技术服务平台，从根本上解决农民个体的技术难题和资金难题。这样的模式不仅盘活了农业资本市场，还使全产业链得到了升级。

案例

本来生活网

2012 年，十多位来自国内外大型网络公司、报业集团、国际零售连锁机构的中、高层管理人员组成核心团队，从国内优质食品供应基地、国外优质食品供应商中精挑细选，剔除中间环节，提供冷链配送、食材食品直送到家服务。

凭借 300 多个优质农产品品牌打造、4D 供应链整合上下游资源、O2O＋B2C 新零售赋能等亮点，本来生活网在 2018 年 10 月成功入选商务部等八部委评选的"全国供应链创新与应用试点企业"。本来生活网坚持供应链创新，成功探索出可推广、可复制的经验和方法，领先行业。本来生活网现拥有会员总数 3 600 万人，用户覆盖全国 300 多个城市；本来鲜全国开店超过 300 家，分布在武汉、成都、长沙、郑州、天津等城市。

2019 年，本来生活网全新推出扶贫 3.0 模式，采用政府、电商、帮扶机构、合作社/龙头企业、农户（贫困户）五位一体的全产业赋能模式，对农产品从生产到销售的全链条进行帮扶。本来生活网已累计上线销售了来自 22 个省、市、自治区，101 个国家贫困县的 1 174 个规格的农产品。

扶贫 3.0 模式的顺利推出，其基础在于本来生活网覆盖全国、全球的完善供应链体系，智慧连接最后 1 公里与前 10 000 公里，紧密结合农业上下游资源。

2019 年 12 月 18 日，本来生活网与顺丰协同供应链资源，生鲜冷链配送全面升级，将生鲜配送区域扩展至全国 28 个省级行政区。2020 年进军华中、西南生鲜市场，入选胡润百富"全球独角兽榜"。2021 年乡村振兴"生根计划"发布，"科技赋能农产品品质联盟"起航，本来鲜赋能店超过 1 万家。2022 年入选中国乡村振兴发展大会"全国乡村振兴优秀案例全国 30 佳"。2023 年蝉联北京"2023 数字经济企业 100 强""2023 服务业企业 100 强"双榜单，入选"上海市互联网综合实力 TOP 20"，入选中国乡村振兴品牌大会"果品服务商类十大成长性企业品牌案例"。

这是国内优质生鲜电商与物流巨头联合创新农产品供应链的重要转折点。于行业而言，在全国大多数城市实现生鲜冷链配送，满足了国人消费升级的需求，引领全球生鲜市场潮流；于产业而言，解决最后一公里痛点，大大提升农产品供应链效率，让中国优质农产品的未来值得想象。

2. 工业

工业互联网是顺应新一轮工业革命和产业变革的一个重点发展领域，也是政府工作报告中提到的"互联网+"最早实现的行业之一，应高度重视，积极引导，做好工业互联网的应用和发展。

第一次工业革命发生于 18 世纪中期，水力和蒸汽机的使用促使工厂实现机械化，机械生产代替了手工劳动，人类进入蒸汽时代。

第二次工业革命发生于 19 世纪中期，电的应用极大地推动了社会生产力的发展，基于劳动分工、电力驱动的大规模生产形式出现，人类进入电气时代。

第三次工业革命发生于 20 世纪中期，原子能、电子计算机、空间技术和生物工程等领域的发展引发了一场信息控制下的技术革命，人类进入科技时代。

第四次工业革命就发生于此时此刻，是以互联网产业化、工业智能化、工业一体化为代表的，以人工智能、清洁能源、无人控制技术、量子信息技术、虚拟现实技术、生物技术为主的，基于信息物理系统的全新技术革命。

案例

5G 时代：打造世界级工业互联网平台

在 2019 世界工业互联网产业大会上，海尔工业智能研究院发布了全球首个"智能+5G"互联工厂。COSMOPlat 是海尔推出的具有中国自主知识产权、全球首家引入用户全流程参与体验的工业互联网平台，它的核心是大规模定制模式，以用户体验为中心。它不是简单的机器换人、设备连接、交易撮合，而是开放的多边交互共创共享平台，可跨行业、跨领域、跨文化复制，它是具有全球普适性的工业互联网平台，能够创造用户终身价值，实现企业、用户、资源的共创、共赢、共享。海尔 COSMOPlat 此次发布的平台创新产品，包括 IoT 平台能力——边缘计算、IaaS 端云结合部署、AI 平台、AIaaS 人工智能规划等，是基于自身行业和工业场景进行的创新实践。另外，针对工业应用场景下的作业痛点，平台还探索实践出智能制造大数据方案、产品质量视觉检测、噪（异）声质量检测等一系列解决方案，将平台创新产品落地到实际应用中。

同时，智研院还发布了包括工业智能网关、工业以太网交换机、工业时序数据库、设备物联云平台、工业主机安全防护系统在内的物联网产品，提供了物联网端云一体化全集成解决方案。

这些成果的发布都来源于海尔智研院独特的"1＋6"研发体系。海尔相关负责人介绍，"1"是指全球首个"智能＋5G"大规模定制验证平台；"6"是指先进智造、网络工程、大数据应用、数字化工程、人工智能和物联网六大生态创新中心。这一研发体系前瞻性布局了智能制造、人工智能、虚拟现实/增强现实（VR/AR）、大数据等关键领域，为 COSMOPlat 工业互联网以及智能制造发展打下了基础。

3. 服务业

近年来，互联网对各行各业尤其是对服务业的全面渗透加速，并逐渐成为服务业发展的新引擎。随着第三产业在 GDP 中的占比逐年增加，服务业也成为投资最热的领域。从发展前景看，"互联网＋服务业"未来发展潜力和空间巨大。它不仅可以打造经济发展的双引擎，重塑中国的经济结构，为经济带来更多增量，成就中国核心竞争力，而且可为政府解决就业问题提供更便捷的通道。对大学生来说，应该发挥专业优势，对其投入更多关注。

现在，人们已经习惯，早上打开朋友圈查看朋友分享的动态，出门前用软件叫车，饿了用软件叫外卖。在"互联网＋服务业"的时代，由于信息鸿沟逐渐消除，用户可以主动寻求自己想要的服务，而服务商也可以通过更加直接的互动方式，主动挖掘用户的需求痛点，及时改进，使服务的质量和便捷性得到提升。

案例

1. "互联网＋电影"

制作：电影制作方式发生变化。大数据成为电影项目筹划的重要技术手段，众筹为电影融资提供了有效的补充。观众不再是被动的接受者，他们可以通过各种互联网形式参与、影响电影的制作。

发行：2014 年，在线票务贡献约 40％的电影票房。以预售为代表在线售票直接以电影观众为基础，调整院线排片，指导发行人力、物料的匹配。

营销：电影营销从影院阵地、户外等硬广形式向互联网迁移，社交网站成为电影信息推广以及口碑争夺的重要阵地。视频网站成为预告片、花絮、首映式等影片物料宣传的集结地。

放映：此前，中国电影投资的回收渠道以院线为主。随着视频网站的崛起，特别是在线付费观看逐步被广大观众接受，在线播放将成为电影投资重要的回收窗口。

衍生品：国内电影衍生品发展较为滞后，衍生品可以借助电子商务、在线售票平台搭售等方式进行销售。

2. "互联网＋教育"

近年来，在线外语培训、在线职业教育等细分领域成为中国在线教育市场规模增长的主要动力，很多传统教育机构正在从线下教育向线上教育转型。一些在移动互联网平台上掌握了高"黏性"人群的互联网公司也在扩展在线教育产品，如腾讯课堂。深度挖掘用户需求，通过大数据技术实现个性化推荐；基于移动终端的特性，满足用户用碎片化时间进行学习的需求，这些都让在线教育切中传统教育的痛点。

3. "互联网＋医疗"

互联网与医疗的融合，最简单的做法是解决信息不透明和资源分配不均等问题。例如，通过微信预约挂号和缴费，可以解决看病时挂号时间长、等待时间长、结算排队时间长的问题；"春雨医生"等轻问诊型应用，解决了部分用户的就诊难问题。随着互联网个人健康实时管理的兴起，传统的医疗模式也迎来了新的变革，以医院为中心的就诊模式或将演变为以医患实时问诊、互动为代表的新医疗社群模式。

4. "互联网＋交通旅游"

滴滴等叫车软件不仅为用户出行带来了便捷，也减少了出租车的空车率，实现了汽车资源的共享；实时公交应用的出现，方便出行用户对公交汽车到站情况进行实时查询，减少延误；在旅游服务行业，旅游服务在线化、去中介化越来越明显，自助游成为主流，携程民宿和蚂蚁短租等共享平台让住房资源被充分利用。

纯互联网创业的时代已经过去，"互联网＋"创业时代已经到来，在这样的大环境下，创业者要抓住时代机会，采用颠覆式创新方法，以小杠杆撬动大资源，在存量市场中寻找新的增长点。

六、思维训练

（1）什么颜色会让你心情愉悦？

（2）空间的大小会对你的心情造成影响吗？

（3）用感官描述自己：

我看起来像_____；我闻起来像_____；

我听起来像_____；我吃起来像_____。

课堂实施指导画布——小步快跑 快速试错

1. 知识要点
(1) 精益创业与精益生产
(2) 精益创业产生的背景
(3) 精益创业的核心

2. 前课回顾
第一次课
(1) 教师自我介绍
(2) 课程介绍

3. 课堂目标
(1) 了解精益思想的产生
(2) 掌握精益创业的核心
(3) 理解精益思维方法论

4. 教学资源
(1) 在线学习平台
(2) 精益创业学习手册
(3) 棉花糖
(4) 胶带
(5) 意大利面
(6) 精益创业画布

5. 课堂组织
(1) 学生分组,5~6人一组,每班4~6组
(2) 分组搭建"棉花糖塔",并计时 20 分钟
(3) 教师梳理与讲解

6. 考核要点
(1) 学生出勤
(2) "棉花糖塔"高度
(3) 手册完成程度

7. 效果反馈
(1) 搭建成功一个"棉花糖塔"
(2) 心得分享

小步快跑　快速试错　模块一

精益创业导论

一、脑洞大开

（1）创业为什么难？

（2）有没有更好的办法？

（3）发现创业机会的途径有哪些？

（4）大学生创业的风险有哪些？

二、创业实践——"棉花糖塔"的搭建

（一）实验目的

帮助学生探索精益思想的内涵。

（二）课前准备

（1）项目化教室，可容纳 6～8 组。

（2）每组 20 根意大利面，一个棉花糖，一卷胶带，一个卷尺。

（3）精益创业画布挂布。

（4）建议用时 20～30 分钟。

（三）实验内容

（1）分组进行"棉花糖塔"的搭建实验，记录各组搭建的高度，同时计时 20 分钟。

（2）意大利面可随意折断，可以使用胶带粘贴；棉花糖必须在顶端，并且不能被破坏；只能在桌面搭建，不能借助其他物体支撑。

（3）在规定的时间内完成且没有犯规的小组计分奖励。

（4）时间结束后测量顶端棉花糖到桌面的垂直距离，最高的小组可得 5 分，以此类推，未完成的小组不计分。

（四）总结与反思

搭建"棉花糖塔"后邀请搭建最高的组分享自己的经验，同时请没有在规定时间内搭建完成的组分析原因，鼓励学生总结搭建心得。

三、理论指导

（一）精益创业的缘起

精益创业
产生的背景

埃里克莱斯从小便开始跟计算机编程打交道，长大后一直从事产品开发工作，他的搭档都是职业经理人或营销人员，他自己也十分认真地开发产品，但是他们却屡屡失败。

一开始，埃里克莱斯认为这些技术问题需要应用技术方案加以解决，例如更

优的引擎处理程序，更专注、更好的产品架构，然而，这些貌似有用的方法却导致更多的失利。

2004 年，一群创业者刚刚成立了一家公司，而他们先前创业尝试的失败已人尽皆知，信誉降到谷底，但是此刻他们仍然胸怀大志，希望通过一项被称为"虚拟人像"的新技术改变人们的交流方式：人们以虚拟形象和朋友交谈、在互联网上聚会。虚拟形象既能让他们紧密相连，又能保证安全和匿名状态，该技术还可以装饰虚拟场景，使用者可以自己设计服装、家具和各种配件。这家新成立的公司被命名为 IMVU。

非常幸运的是，埃里克莱斯得到几位硅谷顶尖人物的指点，成了 IMVU 的联合创始人。埃里克莱斯与几位搭档都愿意尝试新方法，一样对传统思考方式的失败忍无可忍，同时，团队也有幸获得硅谷前辈史蒂夫·布兰克的垂青，成为他们的投资人和顾问。2004 年，史蒂夫提出了"客户开发"的理念，这个理念为埃里克莱斯的日常工作提供了指南。

埃里克莱斯在组建 IMVU 的产品开发团队时，使用了一些非正统方式。他们所做的每一件事都是"错的"，原本应该花几年时间来完善技术，可是他们却在早期就开发了一个最小的可行产品，它糟糕透顶，漏洞百出，并且存在稳定性问题，随时会让计算机系统崩溃，在没做好准备之前，就将此产品推向了受众，而且收费；在抓住第一批客户后，他们开始不断地修改产品，每天推出十几个新版本。这源于他们常常与客户交谈，听取反馈意见，将这些意见视为产品和整体愿景的信息来源之一，也就是说，他们在拿客户做实验，而不是迎合奇思怪想。

这是因为，埃里克莱斯学习了起源于日本丰田生产系统的精益生产理论——一个针对实体产品制造的新思维方式，然后对精益生产的想法进行变化和改动，再把它运用到自己的创业挑战中，这样整个理论框架就开始有了意义。这一思考逐渐转化形成了"精益创业"，即把精益思维运用到创新的过程中。IMVU 取得了巨大的成功，2011 年的收入逾 5 000 万美元，该公司位于美国加州的办公室员工过百，虚拟产品目录有 600 多万件产品，每天还要新增 7 000 个，而且几乎全部是顾客自己创建的。

IMVU 的成功使其他的创业者和风投专家们向埃里克莱斯讨教，当大家听完 IMVU 的经历后，都满腹疑团，认为"根本行不通"，甚至连硅谷创新中心都觉得难以置信。因此，埃里克莱斯提起笔，意在记录新创企业的经验和教训，然后在与其他作者、思想家和创业者的合作中，他将最初的想法细化，并将其发展成"精益创业"理论。

想一想

请各位同学猜测一下为什么 IMVU 公司会成功。

美国硅谷是创业的大本营,是创新思维的集散地,硅谷起步于 1910 年左右,最早是从真空管开始的,然后切入到测试仪器。20 世纪四五十年代,由于第二次世界大战的需要,与国防相关的行业对硅谷的发展起了极大的推动作用。几十年前,硅谷创业可以用 GBF(Get、Big、Fast,快速扩张)来概括,核心是依赖天才的设想,风险投资跟入,之后封闭开发,进而投放市场,最终进行大规模的复制。可以看出,风险投资起到了强大的资源支撑作用。硅谷的创业模式被称为"火箭发射式"创业,其过程如图 1-1 所示。

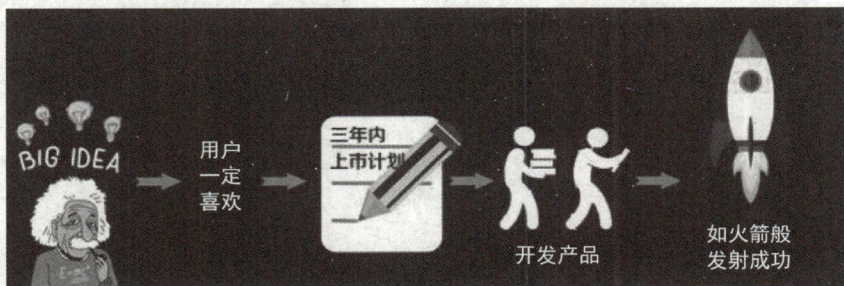

图 1-1　硅谷创业模式

想象一下按下按钮的那一刻,会出现三种结果:第一种是发射成功,这是大家都希望看到的;第二种是惨败,在空中爆炸;第三种是无声无息,既没有正面的回应,也没有负面的回应,从而造成时间的巨大浪费。事实上,火箭发射只有很小比例是无声无息的,但在商业实践中,却有 70% 以上的"发射"属于第三种结果。

长期以来,火箭发射式创业思维在硅谷占据主流,但是它存在一个巨大的缺陷:在整个创业过程中,缺乏持续的反馈、试错和验证,而把所有的赌注都集中在最后按下按钮的那一刻。实际上在创业过程中,如果等到按下按钮的那一刻,一切可能都太迟了。

微软公司便是使用这种"火箭发射式"产品开发方式的典型案例。微软公司在发布新版本时,经常会提前很久发一个通告,说将会在某天发布某个版本;而往往在发布日之前,微软公司又会发一个跟进通告,说版本的发布可能要推迟几个月,有时甚至要推迟一年。微软公司采用的就是一种非常经典的火箭发射的方式，一切资源跟进与封闭开发，都在按下按钮发布这个产品时，像火箭一样推送上天。

所有的公司推出新产品都会用到如图 1-2 所示的产品开发方法。这种以产品为中心的开发方法产生于 20 世纪初，伴随着制造业的发展而逐渐成熟；到 20 世纪中期，它开始被大众消费品行业接受；20 世纪末，又被高科技行业采纳，已成为创业文化不可或缺的一部分。

创意/愿景 → 产品开发 → 内部/公开测试 → 正式发布产品

图 1-2　以产品为中心的开发方法

这一方法清晰地展示了传统的产品开发流程，很适合在成熟规范的市场推出产品，在这样的市场里，无论是顾客群还是顾客需求都是明确无误的。

想一想

图 1-2 展示的产品开发方法存在什么弊端？

案例

Webvan 的错误

Webvan 是生鲜杂货电商，细分市场是生鲜果和蔬类，试图切入在线生鲜杂货业务。Webvan 用的是现在非常时髦的 O2O 模式，由用户在线上完成订购。其线下有一个大型仓库，围绕这个仓库有配送的队伍。Webvan 在第一个阶段的表现可以打满分。Webvan 公司于 1996 年成立，凭借其具有煽动性的商业创意，在不到一年的时间里就从硅谷风险投资界筹集了 1 000 万美元。此后两年，私人资本不断注入 Webvan 公司，达到 39 亿美元。而这时，Webvan 公司尚未开始公开发行股票。

Webvan 公司对自己的王牌服务充满信心，发誓要攻占价值 4 500 亿美元的传统日用品零售行业。

如果第一个阶段给人天马行空的感觉，那么第二个阶段要求公司上下脚踏实地、埋头干活。所有部门各司其职，完成自己分内的工作。工程团队负责开发产品，包括设计产品（定义产品功能细节）和制造加工；制订详细的生产计划，在生产计划的基础上，进一步估计产品的开发成本和交付日期。市场营销团队负责进一步细分商业计划中定义的市场,同时开始寻找第一批潜在客户。Webvan 公司的工程团队在第二个阶段完成了两项任务:建设大型自动化物流仓库和开发网站。自动化物流仓库采用了当时最先进的技术,以最大限度地节约人力资源。系统自动从货架上取下商品,由输送带将商品运送给工人打包、发货。工程团队还设计了软件系统,用于管理库存、协调物料搬运、选择送货路线。顾客下单后,系统会根据收货地址选择最合适的送货路线。软件系统与网站后台对接,可以高效地处理顾客订单、备货和发货的工作,同时,营销团队也在制订市场公关策略和推广计划,培养客户忠诚度,树立品牌。

　　但是,Webvan 公司在看到第一个用户之前,做了一件非常疯狂的事情。它花 4 000 万美元在旧金山地区建了一个仓库,为旧金山全市区半径为 60 英里范围内的居民服务。它的目标是挑战传统的线下生鲜杂货巨头,用这个仓库以及它对应的配送系统,来全面覆盖旧金山地区的市民。这是 1999 年的仓库系统,但即使用今天的标准来看也是非常先进的,里边甚至用了机器人,Webvan 公司希望用机器人代替所有人工的分拣,用机器人来实现全自动配送。这个当时全世界最先进的仓库系统的建设成本有多大? 由两个基本的数据可以得知:第一个数据,整个仓库系统的软件全部是内部开发的,花了大概 1 600 万美元;第二个数据,这个仓库里的电线就花了大概 500 万美元。这个极为先进的仓库系统最大的问题是什么呢? 就是这个仓库的配送系统永远找不到需要它的用户。

　　1999 年,有 1 000 名顾客参加了公开测试,市场营销团队展开了一场大规模的推广活动,所有主流媒体一起呐喊助威,在强有力的宣传下,风险投资公司又争先恐后地追投了上千万美元。

　　1999 年,这个仓库投入应用之后,从来就没有达到过盈亏平衡点,始终也没有达到它所需要的订单数和用户数。同年 5 月,Webvan 公司的仓库中心开始正式运行,6 月接到了第一个订单,一个月之后它和一个大供应商签订了 10 亿美元的合约,准备和这个供应商在全美复制 26 个大型仓库,平均每个仓库的花费是 3 000 万~4 000 万美元。从 1999 年 8 月到 2001 年 7 月,两年间 Webvan 公司"烧"掉了 12 亿美元,最终以破产告终。

　　"火箭发射式"创业思维认为所有的变量都是可度量的,未来是可以预测的,用户需求或用户痛点被认为是已知的,可以完全准确地被把握,路径、解决方案也是已知的,整个过程只是一个计划和执行计划的过程,需要做的无非就是调研、思考、执行,并在执行的过程中进行适当优化,如图 1-3 所示。

传统产品
开发模式

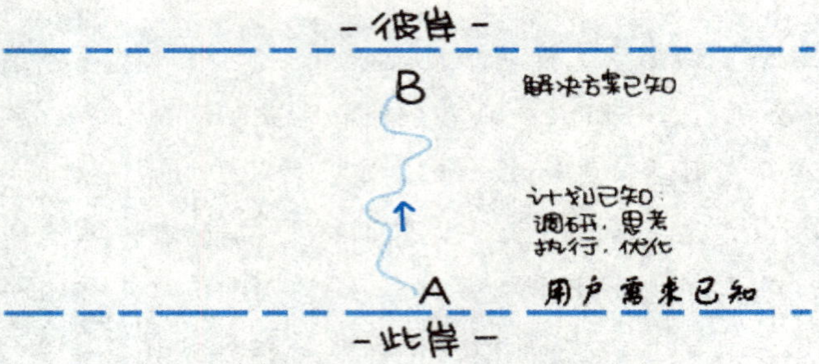

图 1-3 "火箭发射式"创业思维

想一想

根据 Webvan 公司的案例，小组讨论，总结出它失败的原因。

(1)

(2)

(3)

(4)

(5)

Webvan 公司的破产，引发了整个硅谷对"火箭发射式"创业思维的反思。Webvan 公司被称为美国互联网历史上，甚至是美国创业历史上最为灾难深重的一次失败，因为这次失败，不仅是个体公司的失败，而且从某种意义上来说，在线生鲜杂货行业的发展因此滞后了 10 年。

史蒂夫·布莱克在其《四步创业法》一书中，分析了 Webvan 公司主要存在的 10 个问题：不清楚客户在哪里；过分强调产品上市时间；过分强调执行，忽略探索和学习；市场营销活动和销售工作缺少明确的目标；用产品开发方法指导销售；用产品开发方法指导市场营销；仓促扩张；恶性循环；忽视市场类型的影响；好高骛远。"有产品就有顾客"只能用来骗取资金，绝不是成功的策略。

充电链接

汽车产业与精益生产

自美国福特汽车公司于 20 世纪初创立第一条汽车生产流水线以来，大规模的生产流水线一直是现代工业生产的主要特征。大规模生产方式是以标准化、大批量生产来降低生产成本，提高生产效率的。这种方式适应了美国当时的国情，汽车生产流水线的产生，一举把汽车从少数富翁的奢侈品变成了大众化的交通工具,美国汽车工业也由此迅速成长为美国的一大支柱产业。但是第二次世界大战以后,社会进入了一个市场需求向多样化发展的新阶段,相应地要求工业生产向多品种、小批量的方向发展,单品种、大批量的流水线生产方式的弱点日渐明显。为了顺应这样的时代要求,由日本丰田汽车公司首创的精益生产,作为多品种、小批量混合生产条件下的高质量、低消耗进行生产的方式在实践中被摸索、创造出来。精益的思考方法大大改变了供应链和生产系统的运作方式。它的原则中包括了吸取每位员工的知识和创造力、把每批次的规模缩小、实时生产和库存管理,以及加快循环。精益生产让全世界懂得价值创造活动和浪费之间的差异,揭示了如何由内而外地将质量融入产品之中。经过30多年的努力,日本丰田公司终于形成了完整的丰田生产方式,使日本的汽车工业超过了美国,产量达到了 1 300 万辆,占世界汽车总量的30%以上。美国麻省理工学院数位国际汽车计划组织的专家将日本丰田准时化的生产方式赞誉为"精益生产"。精益生产方式的基本思想可以用一句话来概括,即 Just In Time(JIT),中文可表述为"旨在需要的时候,按需要的量,生产所需的产品"。有些管理专家也称精益生产方式为 JIT 生产方式、准时制生产方式、适时生产方式或看板生产方式。

想一想

1. 日本丰田汽车为什么不照搬美国汽车生产模式?

2. "精益生产"有什么优势?

3. 请小组成员共同查阅资料,分享"精益生产"思想还被应用到了哪些行业中。

（二）精益创业的核心思想

👥 **案例**

　　《精益创业方法论》的作者龚焱教授，在 20 世纪 90 年代末和他的 MBA 同学创立了一家太阳能公司，他们走访了全球电力缺乏最为严重的地区——东南亚的缅甸、柬埔寨和孟加拉国。这些地区的用电第一需求是什么？一定是照明。但是当他们把照明作为一个解决方案推向这些市场的时候，效果却远远地低于预期。带着这个疑问，在几个月之后，他们再次回到了这三个地区，却有了一些新的发现。在每一个地区，路上经常会有车和小店制冷或者卖冰，这才是这些地区的人们第一需求，而这在之前的调研中是根本没有想到的。

　　对于一个从电力充足地区来的人，他到一个电力严重缺乏地区的场景中，都会想当然地认为：冰对他们来说是不是太奢侈了？而其实对当地人来说，冰是他们最基本的需求。再穷的人家，也要喝冰水；再偏远的居民，也要喝冰水。这个需求是如此之强烈，以至于人们不再把它看作一个需求，甚至人们无法清晰地把它表述出来。而我们所想象的照明，在他们看来并不重要，因为他们一直处在黑暗之中，对黑暗已经适应了。在调查中还发现，像直径 20 厘米，长度 1 米的一条冰柱，价格远远超乎想象——40～50 美元。针对当地每月几十美元的生活标准，一般村镇的居民根本无法承担这样完整的一根冰柱的价格，所以针对这个需求，背后就有一条完整的产业链——拉冰块、砍冰块。

　　有客人来的时候，居民会去小店锯一小块冰，捧回家，每家都有一个冰棒箱，把水或者饮料放到这个冰箱里，便可以给客人喝冰水。

　　所以，我们所想象的事实，可能不是事实本身。想象与事实之间，存在巨大的差异。创业者如何弥补这个差异？精益创业是一个重要的方法论。

　　尼采曾说过："一切美好的事物都是曲折地接近自己的目标，一切笔直都是骗人的，所有的真理都是弯曲的。"

迭代产品
开发模式

　　通过尝试不断逼近有效的解决方案，也是一个曲折的过程，如图 1-4 所示。

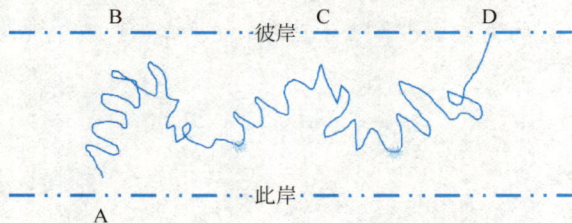

图 1-4　精益创业思维

　　从 2006 年开始,硅谷开启了一轮新的创业思维,开始了对"火箭发射式"创业思维的反思。在这一轮创业思维中,有三位代表人物:第一位是史蒂夫·布兰克(Steve Blank),他是《四步创业法》和《创业者手册》的作者;第二位是布兰克的学生埃里克·莱斯(Eric Rise),他是《精益创业》的作者;第三位是里德·霍夫曼(Reid Hoffman),他是领英(Linkedin)的创始人,被称为硅谷的"人脉王",而领英本身也是关于人脉、关于连接的。

　　这三位代表人物在硅谷发起了一场运动。这场运动的核心是从"火箭发射式"创业思维,转向精益创业思维;从依赖天才人物的天才设想、依赖完美计划和完美执行的思维,转向科学试错、民主创业的思维。创业从此不再是机械执行的过程,而是需要不断地试错,从试错中不断获取认知,然后在不断迭代认知的基础上,最终调整创业路径。

　　精益创业思想认为新创企业除了提供满足客户需求的产品之外,还要学习如何建立一种可持续业务,通过可验证的学习,向客户提供最精简的原型产品,不断学习和验证,用最小的成本验证产品是否满足客户需求。如果不满足,企业就应及时转型,敏捷开发,也就是"小步快跑　快速试错",这一模式如图 1-5 所示。

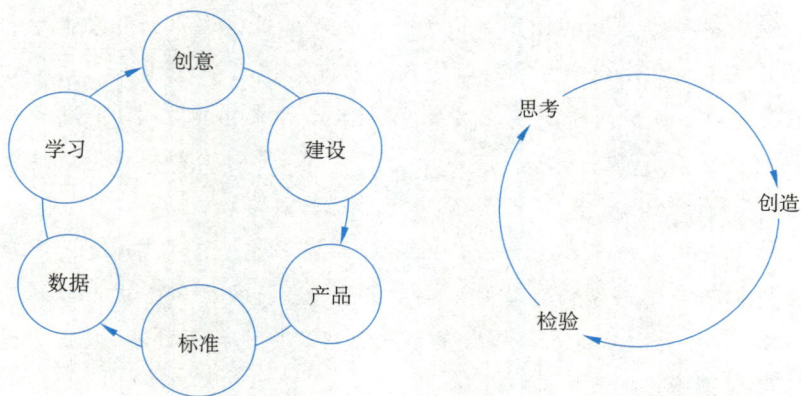

图 1-5　精益创业模式

　　精益创业在"创业"这个背景下对上述这些概念加以改造,提出创业者判断其进展的方法应该和其他类型的企业有所不同。制造业的发展是用高质量的实体产品生产来衡量的,而精益创业则采用不同的发展单元,这些发展单元称为"经证实的认知"。用科学的认知作为衡量标准,人们可以发现并消除令创业者苦恼的根源。创业的综合理论应该说明一个处于初期阶段的企业的所有功能:愿景和概念、产品开发、市场与销售、扩展规模、合作与分销,以及架构与组织的设计。它必须提供在极不确定的情况下衡量进展的方法。它可以为创业者提供明确的指示，面对众多取舍如何做出决定：在创业过程中是否及何时进行投资；明确计划并创建基础设施；何时单飞，何时结盟；何时回复反馈意见，何时确定宗旨；如何以及何时投资扩展业务。最重要的是，它必须能让创业者做出可验证的预测。

充电链接

敏 捷 开 发

敏捷开发是一种价值观与原则，指导我们更加高效地进行开发。

敏捷开发以用户需求为核心，采用迭代（时间周期）、增量（循序渐进，功能模块）的方式开发软件，目的在于快速覆盖、响应市场需求。大项目划分为小项目，小项目分别完成，独立运行。如微服务的开发过程，就是将系统独立进行开发。项目按照时间周期进行迭代，比如 A 功能优先级比较高，则在第一个迭代周期内优先开发 A 功能并上线。第二个迭代周期开发 B 功能。

瀑布式开发模型：包括需求评审、概要设计、详细设计、开发、单元测试、集成测试、上线。如微软公司的 Vista 系统，1997 年立项，2005 年才问世，但是用户反馈并不好，Vista 操作系统的开发采用的就是瀑布式开发模型。

增量式开发：代表产品是在每个周期结束时被逐步交付使用的。如微软公司在吸取 Vista 操作系统采用传统的瀑布式开发模型之后，发现操作系统并不能完全覆盖用户的需求。在 2005—2007 年，通过内部推行的敏捷开发原则，上线了 Windows 7 操作系统，获得市场的一致好评。

敏捷开发提倡用户参与到产品或项目开发的整个流程中，通过用户反馈使产品更加符合用户频繁变动的需求。采用敏捷开发的产品在产品初期会上线基本功能，之后的功能是根据收集到的用户反馈进行开发的，以此实现功能模块的持续集成。

传统的开发模式，注重文档约束，而敏捷开发的推行原则要求团队内部交流便利、文化相对开放，除去必要的文档约束，如 API 接口文档，最注重的是团队成员的高效交流，以此来提高产品、项目的开发效率、开发质量。快速迭代，小版本更新发布，更快地覆盖当前市场、用户需求。在用户需求不断变化的情况下能够保证软件开发质量，把大的时间点变成小的时间点。

为什么要自主创新？主要有两点原因。第一，我们难以持续和长久地以有形实物资源交换发达国家的无形知识和技术资源。第二，在有形产品与无形产品的交换过程中,无形产品的利润率大大高于有形产品。如果长期处在有形产品的生产阶段,在国际分工中只能获得微薄的利润,国民财富便很难有实质性的增加。

👥 案例

在中国,无论是在政府还是在企业,常常听到人们说起华为,尽管华为非常低调,但它已是中国很多企业的楷模。一路走来,华为就是靠自主创新创造了一个又一个奇迹。

世界知识产权组织于 2016 年 3 月 16 日宣布,华为公司以 3 898 项专利技术申请量蝉联专利技术条约第一名。华为有文件明确规定:"保证按销售额的 10% 拨付研发经费,有必要且可能时,将加大拨付的比例。"

在华为 2017 年全球分析师大会上,华为副董事长、轮值 CEO 徐直军表示,华为目前累计研发投入达到 3 100 亿元,未来每年将保持 200 亿美元的投入。与此相反,国内大多数企业的研发投入,不足销售额的 1%。

20 世纪 80 年代,华为公司成立之时,中国电信设备市场几乎被外国"列强"瓜分殆尽,华为只能从代理进口模拟交换机起步,在国际大公司的夹缝中艰难地谋求生存。即使是代理,也要看人家的脸色,例如成立不到 3 年,华为所代理的中国香港公司看到市场局面已经打开,就把代理权收了回去。

生死存亡的考验,一夜之间被强加到自己的头上,华为人懵了。是继续做代理苟活下去,还是另闯一条道路? 前者易,后者难。关键时刻,华为选择了一条更危险但更有希望的路:将代理销售获得的微薄利润投向程控交换机的自主开发,给企业找到一条生路。

因为缺乏研发资金,华为不惜高息融资,大家甚至垫出自己一半的工资。经过 3 年的艰苦攻关,华为拥有自己独创技术的程控交换机面世了,这款交换机让华为走出了困境,获得了利润。从此,在自主创新这条路上,华为坚定不移地走了下去。

华为也有过因为过于追求技术完美而失去商机的经历,但痛定思痛,华为实现了转变:从技术驱动转变为市场驱动,强调以新的技术手段满足客户的需求。华为瞄准世界顶尖技术,建立一流的研发团队,但不研发"卖不掉的世界顶尖技术",而是比别人领先半步。

在鼓励探索、支持兴趣、重视实践的教育环境下,创新并不难。只要培养灵活的头脑和扎实的基本功，再兼具科学家、市场人员、工程师的特质，同时热爱自己所从事的工作，就一定可以做出最新颖、最有用也最有可行性的创新。

想一想

你是如何理解企业内部创业的？

案例

一杯咖啡的痛

同学们，你们喜欢喝咖啡吗？我们经常在美剧中看到家庭主妇每天早上匆忙地为家人煮咖啡的情景。一个美国家庭平均每天大约消耗 19.1 杯饮料。其中，排名第一的饮料是水，大概占一半；排名第二的是碳酸饮料，也就是我们非常熟悉的可乐，大概占 5 杯；排名第三的就是咖啡，占到了 2.48 杯。咖啡是美国家庭中一个重要的饮料类别。

想一想

1. 在早晨煮咖啡这个过程中存在什么痛点呢？
（1）
（2）
（3）
2. 针对这样的痛点，你们团队有没有好的解决办法？

在人们日常煮咖啡的过程中，存在的痛点有以下几个方面。

第一，咖啡的准备过程非常复杂，且清洗器具的过程也很麻烦。一杯咖啡从准备到最终能够喝上的时间非常长。我们都知道，时间在早晨尤其宝贵。大家喝完咖啡都不愿意承担清洗器具的工作。

第二，传统的咖啡口味单一。准备一大罐咖啡之后，不管家庭成员愿不愿意，每个人一杯，都是同一种口味，没有选择。还有一个问题是富余的咖啡无法回收，如果一罐咖啡喝不完，也会产生相应的浪费。

我们再来看看传统的咖啡制作壶。在准备过程中，咖啡壶会提示你制作咖啡需要几步，它会告诉你在某一步需要加入两调羹的咖啡以及 170 毫升的水。两调羹的咖啡到底是多少，170 毫升的水到底是多少，很多"小白用户"没有概念，这样就会造成每次要么咖啡放多了，要么水放多了的情况，而且每次制作出的咖啡在品质上都会有细微的差异。

针对这些痛点，绿山咖啡公司提出的解决方案是什么呢？针对第一点，等待时间和清洗麻烦，它提出了"胶囊式"单杯咖啡的解决方案，把咖啡分入单个胶囊杯，用户只需把这个胶囊杯放入咖啡机，然后选择全杯或者半杯模式，10 秒之内就可以喝上咖啡。喝完咖啡之后，只需把空的胶囊杯丢弃，根本不需要任何后续清理工作。

针对口味单一这个痛点，绿山咖啡公司对咖啡机进行了特别的设计。每个胶囊杯都可以是不同的口味，也就是说每个家庭成员在每天早晨都可以选择不同的咖啡口味，甚至可以选择其他的热饮，如可可和茶。

目前，绿山咖啡公司已经和几乎每一个热门品牌合作，口味数量已经超过200 种，不管家庭成员喜欢哪一款口味，都可以找到适合自己口味的咖啡。绿山咖啡公司原来是一个大宗咖啡豆批发商，处于整个咖啡链的底端，干最苦的活，获取最低的价值，后来依据用户痛点进行转型，提供解决方案，通过"咖啡机＋K杯"组合的方式，锁定用户，因此能够在竞争激烈的市场中迅速崛起。

可以看出，创业的两个关键问题就在于如何定义用户痛点和解决方案，如何验证用户痛点和解决方案。我们在定义用户痛点和解决方案时，不管使用多么精妙的方式，都只是假设，它都和真实的用户痛点和解决方案有一定的差距。所以，精益创业方法论强调在验证中不断完善方案。

（三）精益创业的原则

创业者无法完美预测用户的痛点，也就无法完美设计解决方案，这是精益创业的本质。基于这样的本质，我们认为精益创业有五项基本原则。

（1）用户导向原则。"火箭发射式"创业是自我导向，而精益创业的核心是用户需求。所有的认知、迭代都是围绕用户展开的。以客户的现有需求为中心设计营销自己的产品，同时以客户的潜在需求为导向规划公司未来的产品，对用户导向的控制主要靠营销系统对客户意见的反馈进行。

案例

做坚果生意的淘品牌"三只松鼠"，凭借"卖萌营销"和贴心的用户服务在互联网上找到了属于自己的生存空间。三只松鼠，作为全网坚果销量的冠军品牌，其网上营销之路为什么能走得如此顺畅，且越来越红火，拥有无数铁杆"粉丝"呢？其实，说起三只松鼠的成功营销，一个重要原因就是做好了顾客体验。

（1）通过优秀的视觉体验隔绝用户，降低跳出率，提高流量。严格来说，三只松鼠的页面优化不是最好的，但相对于大部分店铺来说，它做得已经很不错了。从打开三只松鼠的店铺页面起，我们可以很轻松地感受到一种"萌"文化，这种"萌"能第一时间吸引买家的眼球，产生新鲜感和兴趣。他们在创造一个森林甚至一个星球，别说是孩子了，即使是成人也觉得有趣。这淡化了浓重的商业气息，隔绝了其他坚果店铺，让人进入一个具有唯一性、不可比拟的购物环境。品牌选用了小松鼠形象，如图 1-6 所示。松鼠是以坚果为食的，当用户想吃坚果时看到松鼠，就很容易引起共鸣，共鸣是营销文化的精髓之一（见图 1-7）。

（2）利用图片和文案诱导用户，提高下单率。贴心文案，如"主人""小美为主人沏杯温暖的花茶""松鼠在身边，温暖您整个冬季"等，对用户而言是享受型的，可使其迅速感受到一种强大的关怀和贴心。

（3）用数字打动用户，降低心理防线。在三只松鼠店铺中人们会看到这样一些数字，包括折扣信息、销量信息、排名信息、价格信息等，这些数据都是为了证明两点："可以被信赖"和"并不算贵"，这恰到好处地打消了顾客的疑虑。

图 1-6　小松鼠形象

图 1-7　引起共鸣的小松鼠

（4）为用户制造惊喜，强化品牌，提高复购率。用户收到并打开包裹的瞬间，可以看到卡片、夹子、果皮袋等，让人眼前一亮。以前在街上懒得买坚果，最主要的顾虑是没地方吐壳，买多了一次吃不完又容易变质。三只松鼠把这些问题都提前考虑到了，这些赠品既好看，又能为店铺做宣传。如此贴心，如此周到，顾客怎么能拒绝？

（2）行动原则。实践是检验假设的唯一途径。行先于知，而不是用知引导行，应从计划导向转化为行动导向。创业过程中不需要长期的工作计划，而是应通过不断的实践获取有效的反馈并根据反馈调整行动。

（3）试错原则。从完美预测转向科学试错，创业过程的试错不能盲目，需要利用科学的试错工具，例如后面将重点介绍的 MVP，即最小可行性产品。试错的目的是为了找到对的方向，以提高成功的概率。

（4）聚焦原则。聚焦原则是从系统思维转向单点突破，甚至在单点突破时，主动过滤市场中部分噪声客户，聚焦在最关键的"天使用户"上。

充电链接

"天使用户"是指一个产品最早的一批使用者中最认同产品，并希望更多人认同这个产品的那批用户。他们可以是几十人，也可以是几千人，其共性是热爱这个产品，并从口碑、产品改进等角度成为一个产品从小众走向大众的基石。实际上，他们就像天使投资一样，对很多产品和企业具有至关重要的意义。

谷歌公司生产的许多产品创新都会尊重"天使用户"们的意见，无独有偶，苹果公司生产的产品近年来风靡世界的秘诀同样离不开对"天使用户"的重视。乔布斯曾说过"我们绝不进行市场调查。"这一看似傲慢的言辞背后其实是苹果公司对于其坚持多年的"天使用户"战略的自信。在诺基亚、摩托罗拉等手机巨头还在挖空心思去满足大众市场的那些年里，苹果公司率先将目光瞄准了对于技术革新最敏感的技术发烧友人群，围绕这部分"天使用户"的需求做文章，最终让品牌占领主流市场。

然而，当互联网发展到社交时代，这些曾经的准则早已被颠覆。社交网络让关系和口碑传播的效果急剧放大，同时，专业的意见、领袖的意见会更容易带动大众人群，正因为如此，"因好奇心而最先购买新产品的创新型用户"开始变得更加珍贵，对于早期的产品和网站来说，这部分人的价值不仅仅是第一批产品的尝试者，也往往会决定一个产品能否迅速热起来的关键。甚至有的时候，还会是一个产品从雏形到成熟的重要推动力量。

（5）迭代原则。迭代是重复反馈的过程，其目的主要是为了逼近所需的目标或者结果。新产品虽然功能、细节都不太完善，也有缺陷存在，运营也不稳定，但是"天使用户"基本可以上手使用，而在使用的过程中，就会不断提出连开发人员都没想到的意见和建议，从而发生迭代，离用户的实际要求越来越近。

对于互联网时代而言，迭代和速度非常重要，客户需求快速变化，我们不追求一次性满足客户的需求，而是通过一次又一次的迭代不断让产品功能丰满，所以，才会有微信在第一年就发布了15个版本的例子。

精益创业是从行动开始，是行动导向而非计划导向。用科学试错的方式来获取认知，由行而知，在完成学习的第一循环的同时，将所收获的认知转向行动，由知而行，完成学习的第二循环，再不断地重复这个过程，最终形成认知的不断更迭与行动的不断调整，这是精益创业在思维上的一个基本模式，如图1-8所示。

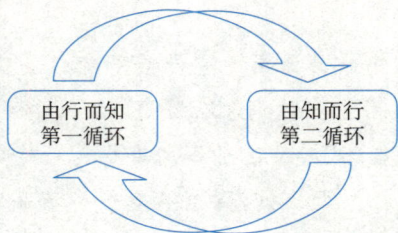

图1-8　迭代循环

　　著名的哲学大师卡尔·波普尔说："假设并不是科学的,任何假设都只是假设,只有经过验证或者说可证伪的假设才是科学的。"精益创业事实上不是关于假设或者计划的一门科学,而是关于如何在创业过程中用科学试错的方式积累认知,如何提出假设并用科学试错的方法验证假设,这是精益创业的核心。

四、自我反思

　　(1) 记录小组搭建的成绩。

　　(2) 请分析小组成功和不足的方面。

　　(3) 请思考"棉花糖塔"的搭建与精益创业有什么共同点。

　　(4) "棉花糖塔"的搭建给了你哪些启示?

　　(5) 在本次活动中,请根据本小组的积极性、参与度、思维发散性等进行评分,满分 10 分,你觉得小组应该得多少分? 你觉得自己在本次活动中贡献了多少工作? 以百分数计。

　　　　自评小组得分(满分 10 分):_____。

　　　　自评个人贡献率(100%):_____。

五、思维训练

从前，有一家农户，种出了一个特别大的葫芦。这么大的葫芦能做什么用呢？用来装酒，恐怕会胀裂；如果把它锯成两半用来做舀水的瓢，又没有这么大的缸。农户左右为难，不知这只大葫芦能派上什么用场。后来有人听说这件事后，说了这样一句话：人们只知道用葫芦来装水，却不知道把水装在葫芦的外面，让葫芦放在水上当舟用，这不是很好吗？只知道用葫芦来装水，把思维"闷"在葫芦里，思维将永远找不到出路。只有打破习惯的思维方式，善于把水装在葫芦的外面，才能巧妙地突破思维的瓶颈，发现一片新的天地，看到一片宽阔的海洋。

练一练

灯和开关分别在不同的房间，一间房里有甲、乙、丙三盏灯，另一间房则有控制灯的 A、B、C 三个开关，已知每个开关仅控制其中一盏灯。现在三盏灯都是关的，假如只能进这两个房间各一次，你能正确判断出各盏灯分别由哪个开关控制吗？（答案请在本书中找）

课堂实施指导画布——破冰之旅 初识画布

1. 知识要点
(1) 精益创业画布的内容
(2) 精益创业画布的应用

2. 前课回顾
(1) 精益思想的产生背景
(2) 精益创业画布的发展

3. 课堂目标
(1) 能够完成团队画像
(2) 掌握精益创业画布的组成
(3) 循环互检，确定项目

4. 教学资源
(1) 在线学习平台
(2) 精益创业学习手册
(3) 1 开大的白纸
(4) 水彩笔
(5) 精益创业画布挂图

5. 课堂组织
(1) 绘制每组的团队画像
(2) 教师梳理，并介绍精益创业画布
(3) 每人写出自己的创业想法，组内循环互检，选出创业项目

6. 考核要点
(1) 学生出勤
(2) 团队画像不能出现文字
(3) 每人一份循环互检自测表

7. 效果反馈
(1) 完成一张手绘团队画像
(2) 每个小组任命一位队长
(3) 确定每组的创业项目

破冰之旅　初识画布　模块二

精益创业
的本质

回顾与思考

1. 精益创业概念的提出受到了丰田精益制造生产的启发。（　　　）

    A. 对　　　　　　　　　　　　B. 错

2. 成功创业的公司,往往都是在创业过程中按照最初的方案执行的。（　　　）

    A. 对　　　　　　　　　　　　B. 错

3. 埃里克莱斯结合"用户开发"原则和（　　　）原则,于 2011 年提出了"精益创业"方法论。

    A. 传统新产品开发　　　　　　B. 精益求精

    C. 瀑布型开发　　　　　　　　D. 敏捷开发

4. 新创企业为什么容易失败?

一、脑洞大开

（1）你认为你们团队有哪些优势？

（2）你觉得自己在团队中有什么优势？

（3）你希望通过小组活动提升自己的哪些能力？

二、创业实践——破冰

（一）实验目的

帮助学生相互熟悉、了解彼此的性格特点。

（二）课前准备

（1）项目化教室，可容纳 6～8 组。

（2）每组一张 1 开大的白纸、多色马克笔。

（3）精益创业画布挂布。

（4）建议用时 50～60 分钟。

（三）实验内容

（1）每队通过投票的方式选出队长和队名，设计队徽和口号，确定后誊写在
1 开白纸上。

队长：

队名：

口号：

队徽：

（2）每组同学在 1 开白纸上采用图画的方式进行自我介绍，每位成员画出自己的 3 个特点。

（3）队长根据组员绘制情况，总结出全队的共同点，画在白纸的上部。

（4）全组同学绘制完成后，每人在自己特点图片的旁边绘制出自己与别人的不同之处。

（5）在整个绘制过程中，除队名和口号外，不允许使用文字，全部用图画完成。

（6）完成后进行粘贴、展示、汇报。

（7）在本书附录三中的循环互检表中写下自己的创业想法，并按照顺时针方向传递，接到上一位队员表格的队员可以在表格下方提出对该项目的补充、质疑或评论。

（8）重复传递一周后，每组队员均评论过团队成员的项目，最终确定团队项目。

（四）总结与反思

每组绘制完成后由组长分享团队画像，向大家介绍自己的团队名称及成员，总结团队的特点，分析成员的优势与劣势。

每组选出一名队员，展示本组项目的确定过程，重点分析组员对自己的质疑，以及自己是如何解决的。

三、理论指导

想一想

通过团队组建过程与交流，绘制自己个人的 SWOT 分析表，如表 2-1 所示。

表 2-1　SWOT 分析表

内部因素	优势（S）——对达成目标有帮助的	劣势（W）——对达成目标有阻碍的
外部因素	机会（O）——庆幸的条件	威胁（T）——挑战

充电链接

　　所谓 SWOT 分析,是指基于内外部竞争环境和竞争条件下的态势分析,是将与研究对象密切相关的各种主要内部优势、劣势和外部的机会与威胁等,通过调查列举出来,并依照矩阵形式排列,然后用系统分析的思想,把各种因素相互匹配起来加以分析,从中得出一系列结论,结论通常带有一定的决策性。运用这种方法,可以对研究对象所处的情境进行全面、系统、准确的研究,从而根据研究结果制订相应的发展战略、计划以及对策等。S(strengths)是优势、W(weaknesses)是劣势,O(opportunities)是机会、T(threats)是威胁。按照企业竞争战略的完整概念,战略应是一个企业"能够做的"(即组织的强项和弱项)和"可能做的"(即环境的机会和威胁)之间的有机组合。SWOT 分析法常常被用于制定集团发展战略和分析竞争对手情况,在战略分析中,它是最常用的方法之一。在完成环境因素分析和 SWOT 矩阵的构造后,便可以制订出相应的行动计划。制订计划的基本思路是:发挥优势因素,克服弱点因素,利用机会因素,化解威胁因素;考虑过去,立足当前,着眼未来。运用系统分析的综合分析方法,将排列与考虑的各种环境因素相互匹配起来加以组合,得出一系列公司未来发展的可选择对策。

想一想

　　通过 SWOT 分析,在你们团队中,你觉得自己能够胜任哪些工作? 你希望成为什么样的人? 请与小组成员分享。

(一)组建团队

　　在创业活动开展的不同阶段,由于项目的不同,团队资源背景不同,所需的能力也不同。一般管理能力是基础,技术能力是核心,营销能力是关键。基于这三项基本能力,团队成员的职能定位也可基本定位为管理类工作、技术类工作和营销类工作,这体现了能力与工作的对应性。从价值创造的角度来讲,创业团队在开始创业时,需要具备分析市场能力、信息获取能力、信息分析统计能力,其目的只有一个,就是科学决策,捕捉到真正属于自己的机会。在进行目标决策后,创业团队需要具备开发计划能力、组织生产能力、自我否定能力、验证能力,其目的就是要提出价值主张，也就是团队将用什么样的产品与服务，满足哪些客户的哪些需求；当产品或服务进入市场后，团队需要具备沟通交互能力、表达能力、服务能力、金融财务能力，这些能力使其在市场立足，获得市场的认可与生存空间。在发展过程中，团队需要有战略规划能力、资源整合能力。此外，在创业过程中，团队往往会受到外部的各种干扰，面对各种挑战和风险，这时需要具备抗压能力与凝聚力，来抵御影响创业进程的各类不利因素。

创业团队要具备 5 个构成要素，即目标、人、定位、权限和计划。

（1）目标。确定的共同目标是创业团队的基础，是团队成员的灯塔。没有目标，这个团队就没有存在的价值。目标在创业公司的管理中，以创业公司的愿景、战略的形式体现。

（2）人。人是创业团队中最核心的力量。在一个创业团队中，人力资源是所有创业资源中最活跃、最重要的资源。应充分调动创业者的各种资源和能力，将人力资源进一步转化为人力资本。不同的人通过分工共同完成创业团队的目标，在人员选择方面，要考虑人员的个性、动机的相似性和知识、技术、经验的互补性，本内容在导论中已经进行了介绍。

（3）定位。创业团队在企业中处于什么位置？由谁选择和决定团队的成员？团队最终应对谁负责？团队采取什么方式激励下属？作为成员，在创业团队中扮演什么角色？是制订计划，还是具体实施评估？是成员共同出资委派某个人参与管理，还是成员共同出资、共同参与管理，还是聘请职业经理人管理？在创业实体的组织形式上，是合伙企业，还是公司制企业？

（4）权限。创业团队中领导者的权限大小与团队的发展阶段有关。一般来说，团队越成熟，领导者所拥有的权限越小。在团队发展的初期阶段，领导权相对比较集中。

（5）计划。提前计划是有效执行的重要保障，为了实现最终目标，需要一系列具体的行动方案，计划是达成目标的具体工作程序。创业团队中需要有人负责按计划把职责和权限具体分配给团队成员，并跟进成员的工作进度，必要时做出调整。按计划进行，可以保证创业团队的工作进度，只有在计划的指导下，创业团队才会一步一步地贴近目标，最终实现目标。

（二）精益创业画布

循环互检结束后，就处在了创业初期，团队所想象的整个商业模式其实就是一系列假设的集合，在它没有被验证之前都只是假设。因此，商业计划书并不适合创业初期的团队使用，而精益创业画布更适合作为创业初期团队梳理思路的工具。

　　两者相较而言,商业计划书一般是 10 页到数百页,而精益创业画布只需要一页纸;商业计划书一般需要准备 1 周到数月,而精益创业画布 1～2 个小时就可以完成;商业计划书是为了让别人相信自己的计划并获得融资和支持,精益创业画布则是帮助创业团队梳理创业思路,同时获得投资人信任并得到假设验证资金;商业计划书修改的频率很低,因为它是一个完整的产品,数据的相关性很强,修改一个数据可能需要相应修改很多地方,而精益创业画布只有一页纸,随着假设验证的进度可以随时修改。

　　精益创业画布主要包括以下内容。

1. 问题

　　问题即我们常说的痛点,是目标人群未能被满足的需求。这个需求应满足刚需、痛点、高频的特点,它可能是显性未能实现的需求,或者是潜在的需求,如 Uber 满足用户的短途出行叫不到车的需求。而在分析这个需求的时候,要考虑目前用户是否有替代产品,能否通过其他方式满足,市场上谁会是潜在的竞争对手,他们有什么特点。例如,Uber 推出之前,出租车是满足这样的需求的。但是乘客只有在出租车经过时才可以打到车,而出租车也不知道哪里有乘客,这个需求虽然被满足,但是满足得不高效。

　　同样,对于共享单车市场也是如此。过去人们的短距离出行是通过公交、步行或者出租车来完成的。但是都不是很方便,要么耗时,要么费钱。单车短租减少了人们的时间和金钱的成本,很好地满足了人们的需求。

2. 客户群体分类

　　这一模块要思考的是客户是谁,团队为谁服务。每个客户群体都是有差异的,没有一种产品能够满足市场的所有群体。用户挖掘越准确,产品或服务的针对性才越强,越能贴近用户的核心需求。在创业的早期,一定是要从某一狭小领域入手满足一小部分客户群体,然后再慢慢延伸出去。因此,在本模块要将市场切割得很细,挖掘表面看不出的特性,确定团队的目标客户群体。

　　同时,要理解目标客户群体如何看、如何感觉、如何思考团队的产品。并且在这个阶段要考虑好哪些人可能会是种子用户,针对产品的雏形可以和他们进行交流,听取他们的建议,让他们成为产品的传播者。

　　问题和客户群体分类通常是整个画布的核心,所以一般会把这两个问题放在一起解决。

3. 独特卖点

　　对于解决方案的设计,我们可能会有很多的选择和考虑。但是在创业团队的成员心中一定要有统一的认知,明确产品的独特价值。这主要包含两个层面。

(1)企业层面,即企业的愿景,企业存在的价值是什么。例如,阿里巴巴存在的使命是让天下没有难做的生意。统一的认知很重要,这决定团队做什么和不做什么。阿里巴巴因为有这样的使命,所以其业务包括 B2B 业务,如淘宝、支付宝、菜鸟等都是为了帮助人们做生意。使命定位会设定公司的业务边界,使公司不会做不相关的事情,不相关的事情大多会浪费公司的很多资源,形成不了合力。

(2)用户层面的,即用户为什么选择本公司,公司为用户提供什么样的价值,公司在用户心目中的印象是什么。例如,人们想起小米会觉得它的产品品质不错,价格不贵,这是由小米手机建立的价值定位。这个价值定位,还可以延伸到小米的其他产品,包括路由器、空气净化器、净水器等。再如京东,同样做电子商务,除了它是以自营模式为主之外,京东给许多消费者的另一个印象就是"物流快"。京东的当日达是它投入巨资建立起来的。价值定位的建立,需要企业有意识地规划,并在对外的宣传中,在产品和服务的交付中慢慢形成特点。用户层面的定位一定要清晰,不能模糊,也不能多,因为当一个公司有两个以上的定位时,人们反而记不住它了。

如果有多个不错的价值定位,可以将它们都列出来,然后优选出最核心的一两个。

4. 解决方案

解决方案是针对目标客户群存在的问题提出的具体解决措施,它应能真正帮助用户解决问题。而且用户愿意为此产品或服务付出时间和金钱。

在这个过程中,我们可以用精益创业的方式,先开发出 MVP(最小化可行产品)去验证想法和方案是否正确。如果客户接受了,便说明 MVP 的设计是正确的。反之则应重新挖掘客户的需求,改良设计产品。

提出解决方案是非常重要的一个阶段,也是精益创业的一个重要思想,这需要我们在前期便用产品试探用户,以确认产品是否合他们的心意,他们是否愿意用他们的价值进行交换。

5. 获得用户渠道

获得用户渠道模块要考虑产品和服务如何触及用户,以及除了让用户使用产品外,如何让用户感知公司的核心价值定位。这涉及如何销售产品,包括通过直销还是渠道的方式,通过线上还是线下的推广,如何能够"引爆"用户,会涉及很多操作层面的东西。

6. 收入来源

在收入来源模块要考虑产品的盈利模式,即产品应如何定价,是根据成本定价,还是根据价值定价;产品利润率水平,在不同的阶段应追求收入还是利润。在与客户的交易过程中,要考虑到谁是真正的支付者,谁是真正的使用者。不同的收入模式会有不同的收入来源,包括销售商品的收入、提供服务佣金收入、广告收入、订阅收入、中介收入等。

7. 成本结构

成本结构是决定利润来源的一个重要内容,主要由以下几个方面决定。

(1) 议价能力。对于创业公司,这需要通过时间积累,当自身建立了足够的优势后,就可以从上游供应商那里拿到比较好的采购价格。

(2) 运营管理效率和水平。如果团队运营管理水平高,人均产出高,那么成本费用(管理费用)的支出就会相应降低,赢得更多利润空间。

另外,融资也是这个模块要考虑的内容。债权融资要考虑利息的支出成本,股权融资要考虑股份的成本,融资的时间点,以及稀释的比例等。

8. 关键指标

不管是什么类型的公司,总能找到几个关键指标,并以此评估公司的经营状况。这些指标不仅有助于衡量公司的发展,也可以协助公司找出客户生命周期中的重点时段。

9. 门槛优势

门槛优势是无法被对手轻易复制或买去的竞争优势,即人们常说的核心竞争力,即当团队进入市场后,一定会有其他人加入,这个时候该如何应对,有什么核心优势能够让公司立于不败之地。

想要拥有核心竞争力,便要掌握市场上的稀缺性资源。稀缺性资源主要包括以下几类。

(1) 无形资产,包括品牌、专利和牌照。例如,人们在普通咖啡馆买一杯咖啡为 15 元,在星巴克购买一杯咖啡就要 35 元,这是因为星巴克品牌是唯一的,全球没有第二家,这样的无形资产是竞争对手无法超越的。

(2) 成本优势。如果公司因为工艺、地理位置、规模效应或者独特资产的便利性而获得了成本上的优势,而且是竞争对手无法超越的,那么便拥有了成本优势。

(3) 转换成本。用户在使用公司的产品或者服务后,如果转向其他品牌会付出很高成本,该公司便具有了转换成本优势。

（4）网络效应。当身边的同事、朋友等都在使用微信进行沟通和交流的时候，让用户去使用一个新的产品"Line"，他肯定会觉得不可行，因为，在那个平台用户的人际网络不存在。

我们如何制作自己项目（问题）的精益创业画布呢？如何开始用户与解决方案的假设呢？

（1）迅速起草一张画布。

在制作第一版画布时，不应消耗太多时间，最好不超过 15 分钟。制作画布是为了把自己脑海里所想的东西迅速记录下来，然后再确定哪个部分风险最大，最后让他人来验证这个模式。

（2）有些部分空着也没关系。

不要总想琢磨或讨论出"正确"的答案，要么马上写下来，要么就留空。留空的部分可能就是商业模式中风险最大的部分，应该从这里开始进行验证。如"门槛优势"可能需要多花点时间才能找到，目前的最佳答案可能就是"我不知道"，这没关系。画布本来就应该是很灵活的，可以随着时间的推移逐步完善。

（3）尽量短小精悍。

要想用一句话说清楚一件事情很难，用一段话则简单得多。画布的空间限制正好可以让我们把商业模式的精华部分提炼出来，我们的目标是只用一页纸来制作画布。

（4）站在当下的角度来思考。

预测未来是不可能的，应该以非常务实的态度来制作画布，根据目前的发展阶段和掌握的情况填写内容。

（5）以客户为本。

精益创业实战法以客户为主要驱动力，因而在寻找原始商业模式的时候，只需围绕客户做文章就足够了。在寻找与制定商业模式的过程中会发现，仅仅调整一下客户群体，商业模式就会发生翻天覆地的变化。

本书附录中提供了多张空白画布，方便同学们迭代画布使用，精益创业就是一个不断假设、验证、迭代的过程。

想一想

通过观察精益创业画布，你觉得九个模块中，哪个模块最重要呢？为什么？自己确定后，进行小组分享。

案例

精益创业
典型案例

　　亚马逊在 Webvan 破产 7 年之后，静悄悄地进入了在线生鲜杂货行业，负责这块业务的部门叫作 Amazon Fresh。

　　他们吸取了 Webvan 的很多教训，走了一条与 Webvan 完全相反的道路。亚马逊作为排名第一的在线零售商，以它的体量，完全可以在全美快速地复制做法，大规模地铺设供货网络乃至整个仓储系统，但是亚马逊没有这么做。它选择了对新的科技、新的生活方式接受度最高的城市——西雅图，从西雅图单点切入，进入生鲜杂货行业。

　　亚马逊一开始并没有覆盖西雅图的所有居民，覆盖的仅仅是几个居住密度大的高端小区，以减少配送的压力。在西雅图，亚马逊花了五年时间不断测试这个生鲜零售的模型并调整参数，直到 2012 年才切入第二个城市——洛杉矶。尽管洛杉矶对新事物接受程度也比较高，但是亚马逊依然仅选择了几个居住密度大的小区切入，很少大规模地铺设仓储系统，而是将精力放在最后一公里，即配送上面。顾客可以通过 App 或二维码扫描进行在线订购，选择商店取货、开车送货、送货上门、储物柜送货，甚至将货物放在汽车的后备箱中。这种模式为顾客提供了极大的便利性。2024 年，亚马逊在生鲜零售领域表现强劲，实现了科技与零售的完美结合。

　　这里需要特别关注两个信息：①亚马逊试水一项非常艰难的新业务，采用单点突破的战略，选择的地区非常集中；②在这些小区里，这项服务也不是针对所有人的。亚马逊先用缴纳 299 美元年费的方式过滤出天使用户，这些天使用户对购物环节有着明显的痛点，因此对亚马逊提供的这项服务有很高的需求。虽然这一部分用户非常少，但是他们的黏度非常高，亚马逊从这群用户开始了整个验证和测试。

想一想

　　同样做在线生鲜，为什么 Webvan 与亚马逊的结果不一样？试分析原因，以小组为单位进行分享。

（三）精益创业的理论基石

精益创业的起点是用户探索和用户互动，据此探索并定义用户痛点，提出解决方案。接着进入用户验证，对用户痛点和解决方案进行科学的试错和验证。验证结果如果是没有用户，那么就调整商业模式，回到整个精益创业的起点。在商业模式确立之后，进入商业模式的放大阶段，也就是商业模式的执行阶段，这一阶段更多的是用户积累和公司运营。

用户探索和用户验证有三大理论基石。

1. 跨越鸿沟

《跨越鸿沟》是杰弗里·摩尔写的一本书，被誉为"高科技产品推广的圣经"。摩尔把产品的市场用户分为五大类——创新者、早期采用者、早期大众（实用主义者）、后期大众（保守主义者）和落后者（怀疑主义者），如图2-1所示。理论上这个市场的分布就好像一口挂钟，技术爱好者和产品尝鲜者构成了早期的用户市场，这些人对新的技术非常敏感，而且愿意尝试；实用主义者和保守主义者构成了主流市场，占70%以上；如果今天还有人没用智能手机，还在观望甚至怀疑，那么就属于怀疑主义者。

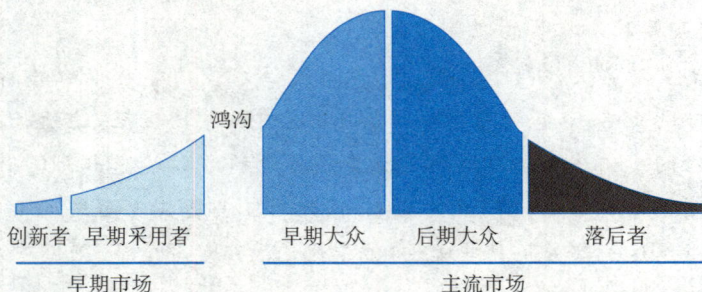

图 2-1　市场用户与鸿沟

我们希望随着时间的推移，市场可以按照这个曲线来发展，但是相邻的客户群体之间，由于不同的需求和消费习惯，就存在这种接纳的鸿沟，其中早期市场与主流市场之间的鸿沟是最难跨越的。

跨越鸿沟的最大困难在哪呢？

早期市场的成功经验难以运用到主流市场，而构成主流市场的客户也不会简单跟随早期采用者的步伐。想要跨越鸿沟，需要全新的营销和销售策略，早期的采纳者是梦想家，而早期大众是实用主义者，他们需要的尽管是同一个技术，但很可能是不同的产品。

　　2001年，当电动平衡车出现时，大家都震惊了，人只要站在车上，人往哪边倾斜，车就会往哪边开，真是随心所欲，人车合一。梦想家们不关心新科技产品有多少的缺陷，只要有可能运行成功即可；而实用主义者需要的是实际价值，他们会思考：在平路上运行是没有问题的，遇到楼梯了怎么办？后续服务能不能跟上？公司会不会倒闭？这就是两者之间的巨大鸿沟。

　　怎样才能跨越鸿沟呢？

　　(1) 寻找切入点。找到用户使用场景中的关键痛点，挖掘出单个细分市场作为突破口，保证给用户提供完整的产品。例如，爱迪生发明了用钨丝做的灯泡，用户想使用灯泡，还需要有电，这就需要有完备的电路公司保证用户能够拥有完整的产品，否则是不可能让实用主义者接受的。

　　(2) 以点带面。集中力量在某个细分市场，并非四处撒网，例如上文提到的Amazon Fresh 生鲜电商的单点突破。

　　(3) 聚焦与快速决策。例如，咖啡业的发展，大约经历了三个浪潮，最开始是以雀巢为代表的速溶咖啡，方便、廉价，然后是以星巴克为代表的体验式咖啡，最后是小而美的咖啡店。这样的咖啡店对咖啡有极致体验要求，售价可能为星巴克的几倍，这样的咖啡店聚焦的不是主流市场，而是小众市场，通过小众人群来拉动主流市场。这条诱人的跨越鸿沟曲线，很容易让创业者产生幻想，认为只要增加营销力度，就能保证用户的持续增长。但是，如果公司无法赢得早期市场，那就已经出局了，根本不会有面对主流市场的机会。虽然技术爱好者可以帮助我们真正理解客户的需求，找到适合的营销方法，但是他们购买的商品数量有限。因此，想要真正跨越鸿沟，还是要集中精力，学习和探索以市场和顾客为中心的方法，这就又回到了"精益创业"的起点。

2. 领先用户创新

　　"领先用户"的概念是由麻省理工学院的希波尔教授提出来的。他认为，在新产品或新技术的采用者中，有一类人能对创新做出贡献，是很多创新的源泉，非常关键，这类人被称作"领先用户"。

领先用户

　　"领先用户"对技术特别敏感，在工作和生活中往往使用最先进的技术和方法，但是他们常常对于这些技术和方法的表现并不满意，有创新的欲望，会自己动手改进。他们不仅自己使用，还会积极为使用场景中的痛点找到解决方案，甚至最终能够推出一家初创公司。

　　"领先用户"一般有两个特点，一个是他们比普通用户具备更丰富、更好的实际生活经验和产品相关知识；另一个是他们有强烈的动机去寻找这个新兴需求的解决方案，所以他们提升的新产品往往会变成日后的主流产品。真正的领先用户是极少的，在实践中要寻找到他们并非易事。

如何识别"领先用户"呢？首先还是要依据上述两个特点进行调查分析，识别出符合"趋势前沿，有高收益期望"特征的领先用户；然后企业邀请这些领先用户与自己合作、开发、改进新产品，筛选出合作欲望最高、创新能力最强的领先用户；最后对领先用户的产品创意进行测试和评价，看其是否能引起普通用户的兴趣。

有些用户最终成了解决方案提供方甚至是初创企业，在美国，医疗设备领域，尤其是外科手术设备领域最为常见，医生们对使用场景中的痛点理解得非常深刻，常常能够据此准确提出解决方案，最终落实一个具体的产品。

来看一个案例：某著名的食品公司，准备推出一款全新的零食，通过调查发现，零食市场有两大趋势，一个是人们不断增长的对健康食品的需求，另一个是正在形成的业余运动者（周末运动者）的市场。公司由此确定了将"领先用户"研究聚焦于如何结合这两种趋势来开发一款有助于提升运动表现的健康零食。项目团队对一些专业运动员、杰出教练和营养专家进行了电话访谈，从中发现了一小部分创新的领先用户和专家，与公司合作开发新产品，并邀请这些领先用户、营养专家、内部科学家共同参与项目，商定产品应该包含哪些营养成分、制作成怎样的形态、如何包装等。最终开发出一款针对业余运动者市场、用于提升其运动表现的健康零食。这是一个应用"领先用户"的成功案例。

需要注意的是，"领先用户"不等同于早期的采用者，领先用户面临的产品或者服务，市场上还没有出现，所以他们能够在采用者之前发明或者详细说明自己的需求。

领先用户理论让用户从最初就融入创业的过程，与精益创业的理论完全相通。

创新者的
窘境

3. 创新者的窘境

第三大理论基石是哈佛大学商学院教授克里斯坦森的"创新者的窘境"。克里斯坦森在《创新者的窘境》中提出："当变革发生的时候，在原有的行业里面，那些管理得越好、效益越好的企业越容易失败。"这是因为推动它们发展为行业龙头企业的管理方法同时也严重阻碍了它们发展破坏性技术，而这些破坏性技术最终吞噬了它们的市场。其核心在于解释小公司如何战胜大公司，初创公司如何在用户痛点与产品解决方案的把握上创造差异性，从市场的边缘切入，最终进入主流市场，颠覆行业巨头。

（四）精益创业的逻辑框架

精益创业并非一门关于执行的科学，而是一种关于探索商业模式的方法论。

　　新创公司与大公司有何不同？仅仅是业务不稳定、波动很大吗？两者的真正区别在于商业模式是否已知，大公司已经有了被验证的商业模式，而新创公司没有。大公司执行已知或已经确认的商业模式，更多是在运营和执行的层面，而新创公司则是探索未知的商业模式。

　　新创公司不是大公司的微缩版，否则便无须研究任何新创公司独有的工具，而是把大公司的工具直接应用到新创公司就可以了。

　　在 Webvan 的案例中，Webvan 在它的商业模式根本没有得到确认之前，在任何一个仓储中心达到满负荷运转之前，就匆忙地想把这个模式复制到其他20 多个城市，最终结果是没有任何城市能够成功。可见很多新创公司的失败，根本原因在于混淆了探索和执行，过早地执行没有经过验证的商业模式。因此，新创企业需要自己的工具，这个工具应该不同于大公司和传统的运营工具。

　　对于新创公司来说，一个重要的工具就是精益创业。这个工具包括三大部分。

　　(1) 基本的商业计划。商业计划在精益创业的框架里只是前提和假设。也就是说，只是用商业计划来提出前提和假设。在精益创业的框架里，再完美的商业计划也只是前提和假设。

　　(2) 客户开发。客户开发和产品开发同步进行，甚至客户开发可以在产品开发之前。这和传统的"火箭发射式"创业的封闭开发模式（先进行产品开发，后续再导入客户）是完全相反的。整个精益创业的重心是客户开发，而不是产品，更不是想象中的产品。在整个精益创业的框架里，用户居于核心地位，产品根据用户的需求而来。

　　(3) 精益研发。在开发产品和服务的过程中，用精益研发的方式高速迭代、科学试错。

　　用商业计划建立前提和假设，将客户导入创业过程挖掘需求，用高速迭代、科学试错的方式获取认知，这三部分组成了精益创业的基本逻辑框架。在这里可以对照传统的产品引入模式理解这一逻辑框架。

　　在传统的产品引入模式里，创业者首先通过商业计划产生基本的产品概念，然后导入资源，组建团队，进行产品开发，以及内部和外部的测试，最终产品得以发布，投放市场。这种传统的计划执行模式的根本缺陷在于所有的认知都来得太晚。尽管在拟订商业计划的时候会进行用户调研，但对象都不是真正的用户，用户一直到最后环节才真正地参与进来。换句话说，直到产品已经开发完毕，进入测试阶段，团队才真正开始学习和认知的过程。所以尽管计划执行模式看起来非常完美，但它正是新创公司走向失败的原因，因为创业过程中最关键的不是某个产品或服务，而是团队是否具有正确的认知，即用户的反馈过程是否从一开始就结合在创业过程中。

在传统的产品导入模式中，有两个隐含的假设，即用户痛点高度确定，解决方案也高度确定。而在精益创业的框架里，这两个假设根本不存在。再完美的商业计划在和客户第一次接触时基本上就会完成历史使命。

一般来说，新创企业会经历四个阶段，如图 2-2 所示。第一个阶段是商业模式的探索。这是发散式的探索，不确定性极高，可能会尝试多个方向，快速转向，不断试错；第二个阶段是聚焦式的探索，已经初步确立了方向，有可能在两三个路径中选择商业模式；第三个阶段是商业模式确立，进入放大阶段；第四个阶段是商业模式的正常执行。传统商学院的 MBA 教育，80％集中在第三、四个阶段，第一、二个阶段几乎是空白。所以精益创业的重大意义在于对整个传统商学院创业学教育的补充。

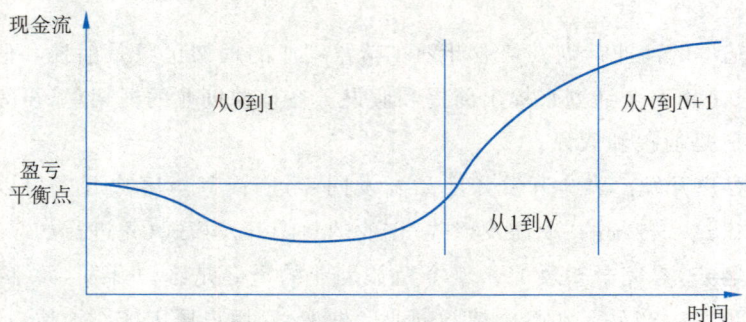

图 2-2　新创企业的四个阶段

如图 2-2 所示，第一、二个阶段的现金流是负的。对新创公司来说，在这两个阶段，如何快速地迭代、如何在现金流耗尽之前确立商业模式，是存活的关键。在硅谷的创业实践中，从第二个阶段到第三个阶段的中间点被称为 sweet spot，意即"甜点"，此时新创公司终于确立了商业模式，CEO 终于可以去向董事会汇报：我们已经找到了未来的路径。而投资人终于可以确认这个公司有一定的价值了。

然而，这个点对创始人来说，往往是一个伤心点。数据表明，在这个点上，很高比例的创始人被替换，被踢出董事会。为什么在"甜点"上会出现大规模的创始人更迭？这是因为探索阶段所需要的技能和执行阶段所需要的技能是完全不同的，在硅谷很少有人能够同时拥有这两种技能，所以对董事会和投资人来说，从职业市场上找到那些能够放大商业模式的人是一个非常安全的选择。当然也有一些特例,最有名的例子就是亚马逊的创始人杰夫·贝佐斯,他从创始到现在都担任着公司一把手。但除了他以外,从第一个阶段一直走到第四个阶段的创始人寥寥无几。

精益创业聚焦于前两个阶段,即如何从 0 走到 1。商业模式的放大是在第三个阶段,即如何从 1 到 100。而第四个阶段是如何从 100 到 110,则是传统商学院所覆盖的内容。

新创公司的失败大致有两种,一种是因缺乏客户而失败,另一种是因产品开发而失败。因缺乏用户而失败的企业数量要远远超过因产品开发而失败的企业数量。这便回到精益创业的中心基点,即围绕用户,以用户为导向来拉动整个创业过程,而不是以单纯的产品开发为导向。

图 2-3 所示是精益创业的逻辑框架,具体包含以下内容。

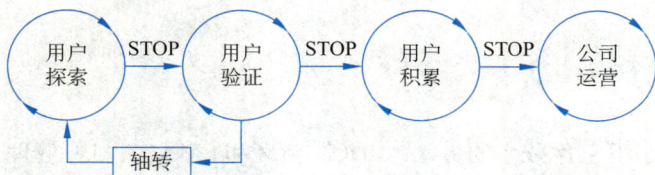

图 2-3　精益创业的逻辑框架

(1) 用户探索。

这一步最基本的任务是定义两个基本假设:用户痛点假设和解决方案假设。在探索环节,倾听的技巧非常关键,要细致观察、访谈、倾听用户,不能急于推销解决方案,甚至在很长一段时间内,应该对推出自己的解决方案保持克制。在这个过程中应不断探索,不断迭代,最终把认知推升到一个新的阶段。

(2) 用户验证。

这个环节的关键任务是验证用户痛点假设和解决方案假设,同时验证商业模式是否可重复、可规模化。与天使用户之间的大量互动是验证这两个假设的途径。

(3) 轴转。

如果在用户验证中得到的验证结果是没有天使用户,那么就需要回转到第一步,即用户探索阶段。这是一个不断迭代及循环的过程,逐渐积累认知。

轴转是用户开发非常重要的反馈机制,也是整个模型的核心。通过轴转,我们将在市场上获取的认知回溯到计划,再通过迭代,不断获取对产品和市场的认知。轴转的关键在于快速、敏捷,以及把握时机。前面讲到初创企业的发展分为四个阶段,第一个阶段和第二个阶段的现金流是负的,这一方面要求创业者积极探索，积极调整商业模式，另一方面要求初创公司必须在有限的时间内完成探索过程。很多初创企业的失败不是因为商业模式或者产品有问题，而是因为等不到能够完成商业模式验证的那一天。所以，轴转的过程必须敏捷和快速，将对现金流的需求最小化，为公司的原始价值优势的积累打下坚实的基础。

四、自我反思

（1）你们团队是否按时完成了组建任务？如果没有，请分析原因。

充电链接

提高小组工作效率的方法：PDCA 循环和 SMART 目标管理原则

PDCA 循环是美国质量管理专家休哈特博士首先提出的，由戴明采纳、宣传，获得普及，所以又称戴明环。全面质量管理的思想基础和方法依据就是 PDCA 循环。PDCA 循环的含义是将质量管理分为四个阶段，即计划（Plan）、执行（Do）、检查（Check）、处理（Act）。在质量管理活动中，要求对各项工作依次做出计划、实施计划、检查实施效果，然后将成功的纳入标准，不成功的留待下一循环去解决。这一工作方法是质量管理的基本方法，同样适用于小组工作与学习，同学们可以借鉴 PDCA 循环管理好自己的课程学习。但是，随着 PDCA 循环在更多项目管理中的应用，人们在其运用过程中发现了很多问题。PDCA 循环中不含有创造性的内容，只是让人完善现有工作，导致惯性思维的产生，习惯了 PDCA 循环的人很容易按流程工作，因为没有什么压力让他来实现创造性。所以，PDCA 循环在实际的项目中有一些局限。

PDCA 循环有以下四个实施阶段。

① P（计划）阶段。找出存在的问题，通过分析制定改进的目标，确定达到这些目标的具体措施和方法。

② D（执行）阶段。按照制订的计划要求去做，以实现质量改进的目标。

③ C（检查）阶段。对照计划要求，检查、验证执行的效果，及时发现改进过程中的经验及问题。

④ A（处理）阶段。对成功的经验加以肯定，制定成标准、程序、制度（失败的教训也可纳入相应的标准、程序、制度），巩固成绩，克服缺点。

SMART 原则（S＝Specific，M＝Measurable，A＝Attainable，R＝Relevant，T＝Time-bound）的利用有利于员工更加明确高效地工作，更有利于为管理者对员工的考核提供考核目标和考核标准，使考核更加科学化、规范化，保证考核的公正、公开与公平。学习小组实施目标管理可以有利于同学们更加明确高效地学习，使小组同学能围绕同一个目标努力，最终达到互相学习、整体提高的效果。

SMART 在小组学习中可有以下理解。

① 学习或者实践的目标必须是具体的（Specific）。

② 学习或者实践的目标必须是可以衡量的（Measurable）。

③ 学习或者实践的目标必须是可以达到的（Attainable）。

④ 学习或者实践的目标必须和其他目标具有相关性（Relevant）。

⑤ 学习或者实践的目标必须具有明确的截止期限（Time-bound）。

（2）用一句话描述你们的创业项目。

（3）在循环互检的过程中，团队成员之间是否出现分歧，你们小组是如何解决的？

（4）小组项目的发展目标是什么？

（5）现有团队成员是如何分工的？

（6）你觉得还应该有什么样的人加入你们的团队，请根据企业情况和需求，制作一则招聘简章。

（7）在本次活动中，请根据本小组的积极性、参与度、思维发散性等进行评分，满分 10 分。你觉得小组应该得多少分？你觉得自己在本次活动中贡献了多少工作？以百分数计。

自评小组得分（满分 10 分）：＿＿＿＿＿＿＿＿＿＿。

自评个人贡献率（100％）：＿＿＿＿＿＿＿＿＿＿。

五、思维训练

如果你可以满足别人的需求，他们就会很满意，并且你可以把那些满意转变为收入。这就是创业者需要具备的最基本的东西。创业公司就是通过技术满足别人的需求。一些创业者的错误就在于他们错误地估计了客户的需求。

练一练

信任背摔：小组成员依次站在原地，双手抱肩，直体向后倒下，小组其他成员在身后作保护。挑战者应取下身上携带的物品，在背摔前大声询问"准备好了吗"，保护同学要齐声回答"请相信我"。挑战同学倒下时应身体笔直，不得倾斜和躲避，保护同学要保持高度集中。每组体验后进行分享。

> 分数大于 100 分：很有观察力。对于身边的事物，你会非常细心地留意，同时，你也能分析自己和自己的行为，如此知人入微，你可以逐步做到极其准确地评价别人。只是，很多时候不必太拘泥于细节。

课堂实施指导画布——感同身受 洞察人心

1. 知识要点
(1) 用户探索
(2) 用户访谈的要点与意义

2. 前课回顾
(1) 创业团队的建立
(2) 精益创业画布的组成

3. 课堂目标
(1) 确定设定的问题是否为"痛点"
(2) 完成目标客户画像
(3) 培养学生耐心沟通与总结的能力

4. 教学资源
(1) 在线学习平台
(2) 精益创业学习手册
(3) A4白纸
(4) 水彩笔
(5) 精益创业画布挂图

5. 课堂组织
(1) 提出用户访谈问题
(2) 模拟用户访谈过程
(3) 确定目标客户画像

6. 考核要点
(1) 学生出勤
(2) 用户访谈记录

7. 效果反馈
(1) 完成一张用户画像
(2) 完成用户访谈提纲
(3) 完成精益创业画布①②模块的迭代

感同身受　洞察人心　模块三

精益画布的
内涵

♻ **回顾与思考**

1. 寻找创业机会的一个重要途径是发现和体会自己与他人在需求方面的
问题或生活中的难处。（　　）

    A. 是　　　　　　　　　　　　B. 否

2. 你认为创业团队是否需要定期进行人事变动或者岗位轮换？

3. 问题即是痛点，就是目标人群未被满足的需求。（　　）

    A. 是　　　　　　　　　　　　B. 否

4. 我们认为的创业机会一定是用户的痛点吗？

5. 你是如何理解痛点的？

一、脑洞大开

（1）请你思考一下，在过去的一年里，谁帮助了你，让你记忆犹新，他帮你做了什么？

① 帮助你的人是：

② 他是在什么情况下或什么场景下帮助你的：

③ 他帮你做了什么：

④ 他用了哪些知识、资源、能力帮助了你：

⑤ 你觉得，他帮助你之后，得到了什么或者损失了什么：

⑥ 你对他的帮助有什么感受：

（2）我们首先要对帮助我们的人心存感激，然后换位思考，你是否希望通过某种方式去帮助别人呢？

① 你想要帮助的人（们）是谁：

② 你想为他（们）做什么：

③ 你有什么能力、资源、知识能够支持、帮助他(们)：

④ 如果可以借助外力支持，你希望得到哪些协助：

⑤ 在帮助他(们)的过程中，你得到或损失了什么：

(3) 通过循环互检，小组是否确定了创业项目？如果确定了，你们决定的依据是什么呢？

二、理论指导

通过"帮助"与"被帮助"的思考，会发现，原来做成一件事是有逻辑可循的。将被帮助的对象看作用户，用户的需求与自己提供的服务可能是一致的，据此既可以满足客户的需求，又可以将自己的服务或者产品传递出去，也就是卖出去，让用户真正地感受到服务与产品给他带来的价值和快乐。

（一）用户探索

用户探索

精益创业方法论的第一大部分是用户探索，以此来定义用户痛点假设和解决方案假设。硅谷早期重要的创造者之一维诺德·科斯拉说："每一个痛点都是一个机会。"痛点越大，机会越大。客户探索的目标是根据既定的产品设计去寻找目标客户，判断产品能否解决他们的问题。检验商业计划中关于产品、待解决问题，以及关于客户的各种假设是否正确。为此，必须放弃猜测，走出办公室去发掘最有价值的问题，弄清产品应该如何解决问题，弄清谁是自己的客户，谁有权决定购买产品或影响购买决定，以及谁是产品的实际用户。完成这些任务后,产品的特色就会变得清晰可见。

案例

　　印度人口众多,但只有 7% 的人口家中有洗衣机。如果没有洗衣机又不想自己动手洗,就只能选择洗衣工,但洗衣工只会在河里手洗,洗得并不干净,并且衣服从拿走到送回,周期长达 2～10 天,这困扰了很多人。

　　有个叫阿克沙米拉的人,他看到了这一用户需求。于是,阿克沙米拉打算做"共享洗衣机",他提供一台洗衣服车,人们只需付低价就能洗一次衣服。

　　最初,他每天都开着一辆装着一台大洗衣机的货车,把车停在班加罗尔的某个街角,并沿街叫卖,告诉人们他这里洗衣价格便宜且能当晚取走。实际情况是,他的服务并没有如他预想的那样大受欢迎,相反,几乎没人来他这里洗衣服,这让他陷入了迷茫。

　　在他失落地准备收摊时,却发现一个老伯还在不远处,为了弄清原因,他赶紧追上老伯询问:"大伯,为什么大家都不愿意来我这里洗衣服呢?"

　　老伯摸摸头不好意思地道:"其实我是想洗的,毕竟年纪大手脚不好。但看到这随时能开走的货车,大家都担心衣服有去无回,本来因为穷,衣服就不多,所以就没人敢来洗了。"搞清楚状况后,阿克沙米拉立即感谢了老伯,为老伯免费洗了衣服。回到家后,他用几天时间把货车进行了大改造,让货车看起来像个流动摊点。

　　当载着洗衣机的货车再次上街时,市民们都放心了,来阿克沙米拉处洗衣服的人越来越多,流动洗衣摊点最后发展成为洗衣服务公司,在印度各地街头都有他的共享洗衣机。

想一想

　　通过这个案例,你觉得创业初期,什么最重要?

　　在把产品或服务推向市场之前,我们并不知道推出的东西是否有人需要。虽然事先进行了市场调研,但市场调研得出的结论,是建立在假设的基础上的。真相只有真实的市场才能检验出来。精益创业的理论就是这样的观点,我们不需要进行那么多的市场调研,只需要先行动。精益创业就是用最小的成本,把产品快速推向市场,基于市场的反馈,决定是快速迭代还是放弃。

　　创业过程中的最大浪费是什么呢？不是上班时间刷微信，不是花了大量的广告费用没有效果，而是为之花费了一两年生产的产品，却没人需要。

👥 案例

　　有人把微信刚上线时用户商店里各种一星差评的截图发出来，整个科技圈、投资圈都在惊叹：原来成功者当年也很落魄。微信在上线433天的时候，用户数达到1亿，上线2年的时间，用户数达到3亿，这是非常惊人的增长速度——相对于在此之前的所有PC互联网产品，这是绝无仅有的。

　　微信刚问世时，被人认为没有竞争力，因为当时已经有QQ或者其他的聊天工具。微信1.0版本"主打"能打字、发图片，可以节约短信费用，但是用户并不认可；2.0版本发布了语音功能，实现了用户的第一波增长；后来微信发现用户想聊天的欲望强烈，最好再给他们制造一些话题和场景，因此从2.1到3.5版本，微信就做了一件事——加好友，不仅可以通过QQ号、手机号添加已有朋友，还可以通过"漂流瓶""摇一摇"添加陌生好友，因此用户量飙升。通过匹配通讯录的功能，微信把用户手机里的好友都加进来了；通过QQ离线消息，微信把QQ的用户也拉进来了。2.5版本微信做了"附近的人"，3.0版本做了"漂流瓶""摇一摇"。这些都是陌生人社交功能，微信给用户提供了一种通道，与附近的、远方的有缘分的陌生人成为朋友。微信在"附近的人"和"漂流瓶""摇一摇"这几个功能发布之后，用户数实现了暴涨，并把国内同行都远远地抛下了，奠定了在国内移动端通信App中的巨无霸地位。

　　接下来的3.5版本，微信做了分享二维码名片。有了二维码名片，我们每个人在线下见面时就很容易借此互相添加好友了，从熟人，到陌生人，线下的关系链一一导入微信中。我们现在在社交场合中遇到新朋友，都不再是交换名片，而是说"加个微信吧"，然后打开扫一扫，说"我扫你吧"，等着对方打开二维码。大概在发布这个版本之后，微信用户达到1亿。

　　微信在4.0版本做了"朋友圈"。在此之前，微信只是一个即时通信工具，而在一个聊天工具里面去做社区，在全球互联网历史上都是没有过的。前面说到，此时用户数已经有1个亿了，1个亿的用户在这个App里面，他们每个人各自添加了不少好友，比如失散多年的小学同学，比如前阵子在某个大会认识的名人……但是加了好友之后，我们却从来没有机会聊天。慢慢地，我们都不知道对方是谁了。有了朋友圈，我们在"朋友圈"发布的内容，微信好友是能看到的。也许他跟你没有太多共同话题，但他至少可以点赞表示一下存在感，表示一下他对你的关心。于是通讯录里的陌路人升级为"点赞之交"。而且你还会从某些朋友的朋友圈动态的点赞列表中发现："咦，你们两个人是怎么认识的？"于是就有了一种"三角好友关系"。这也促进了人与人之间的更多连接，因为有了更多共同的话题、共同的信任。原本人与人之间在网络中都只是单线联系，但是有了微信的"朋友圈"，人与人之间就变成一个三角或更密集的网络关系了。每个人都成了这张密集网络中的一个重要节点。这样的网络，当然也就更稳固了。如果说微信在做了陌生人社交功能之后奠定了它的移动互联网巨头地位，那么，"朋友圈"就是一个让这个巨头地位永久固化的功能。微信生态圈在此时已经完成了，后续的其他功能虽然也有其重要意义，但都是建立在微信已经站稳脚跟的前提下，也就是所谓"第一张移动互联网船票"。

5.0 版本，微信发布了游戏中心、微信支付和表情商店。从前面的步骤看起来，似乎微信从一开始就设计好了路径：导入熟人关系链、陌生人关系链、线下关系链、盘活关系链、商业化。其实不然，微信并不是从一开始就有一个完整的战略思考，每个功能都是到了具体阶段，根据需要去补充的。比如"朋友圈"这个功能，微信团队花了半年的时间，内部尝试了 40 多个方案，才最终把方案定下来，一举成功，几乎没再有大的改动。

6.0 版本新增卡包、多种表情包与动态效果、优化后的语音助手、公众号内容优化、小程序生态丰富、高清视频通话、快速文件传输、朋友圈隐私管理增强以及多语言支持等。

在 7.0 版本上，用户可以通过点击"我"右上方的相机图标或下拉的方式启动时刻视频，拍摄短视频并添加文字、背景音乐、表情包等操作。

8.0 版本增强了浮窗功能，用户可以在聊天的同时轻松查看和处理其他任务，如阅读文章、查看视频等，提高了使用效率。随着技术的不断进步和用户需求的不断变化，微信也会继续推出新的版本来满足用户的需求。

？ 想一想

微信在开发的过程中，是以什么为核心的？小组分享并记录微信成功的秘籍。

（二）用户探索的基本方法

精益创业的第一阶段就是进行用户探索，在这一阶段要回答用户痛点和解决方案两个基本问题。

定义用户痛点是对需求的挖掘，它产生于人们的期望和现实之间的落差，它也比需求更加贴近本质。对用户痛点进行定义，就是要找到企业的立足之根。当我们假设用户痛点时，也要对用户痛点进行评估，用户痛点往往具有时效性，它会随着时间的推移不断演变；痛点的持续性和大小也直接决定了商业模式的规模上限和实现难度。

定义解决方案就像"用户要的是更高速的移动，而不是一匹更快的马"。所以在定义解决方案时，不仅要关注解决方案和用户痛点的匹配度和吻合度，还要努力挖掘用户痛点背后的真正诉求，进而从根源上找到解决办法。

（1）了解用户。与用户沟通是创业者经常要做的事情。只有多和用户接触，才能获取更多有效信息。沟通中应尽量在全方位的消费和使用层次上与用户心理融于一体。

（2）重视用户需求。在评估商业模式和设计产品时，一定要融入用户思维。创新的成功需要依靠对用户的深入理解，很多创业公司的问题，其实就是对用户不够了解。

（3）聚焦用户特征。每个用户都是由最终用户和决策团队构成的，最终使用产品的用户通常是购买产品的个人、家庭成员或组织机构成员，有可能是决策团队的一部分，但不一定是其中最重要的人。要把符合最终用户特征的细节逐一描述出来，把焦点放在最终用户身上，熟悉用户，了解用户的喜好。用户可能有不同的目标、希望或担忧，应真正聚焦同质性相对较高的一群最终用户，他们才有可能为初创企业提供最需要的现金流。

每个痛点都是一个创业机会，痛点越痛，机会也就越大。下面介绍用户探索的基本方法，完成对用户痛点的深层次挖掘和解决方案的合理定义。

👥 案例

Uber是一家全球著名的超级独角兽企业，它是旗下同名打车软件Uber的开发商和运营商。经过短短十年的发展，它的市值已经达到了非常惊人的数字。

Uber为传统的出租车提供了新的解决方案。我们不妨将自己代入真实的场景中，看一下打车到底有哪些问题。一是打车难，在高峰时期，用户经常打不到车,等在路边,永远不知道下辆车什么时候来,不仅如此,在偏僻路段,成功打到车更是十分困难的事情。二是司机的服务质量参差不齐,驾驶员会听音乐或高声打电话,而乘客没有很畅通的渠道进行投诉和反馈。分析这些需求,可以得到用户的痛点是不能快速且舒适地解决出行问题。

如何解决预约需求呢?Uber 的想法是,如果在任何你需要用车的时候,5 分钟内都可以叫到一辆车,预约的需求就不存在了。那么如何保证这一点呢?采用派单,而非抢单机制。所谓派单,是指当用户一键下达用车指令时,Uber 后台会根据算法自动匹配,将订单发送给离他最近的车辆,并要求司机15 秒内回应。而抢单机制则是将用户的用车需求同时发送给一定距离内的司机,由司机根据个人意愿、抢单速度来决定。为了提高效率,Uber 在软件设计采用了极简法则。当用户打开 App 时,系统默认用户要打车,所以已经在匹配距离最近的车辆。用户无须输入目的地,只要一键点击用车,后台就会把需求很快发送给最近的车辆。

在提高效率的过程中,Uber 团队发现,价格优化的另外一种方式是让车辆里搭乘的乘客不止一位。如果能在保证运行效率的前提下,实现单次多名乘客搭乘,那么每个乘客分担的成本自然会降低。要实现"人人随处可用像自来水一样可靠的交通",就必须想方设法不断降低价格,把最高的价值带给用户。至于降价的最终目的,Uber 希望把人们出行的成本,降到比自己买车更低。

Uber 注重用户体验的第三点是提供舒适的服务。Uber Black 自不用说,司机会带着白手套彬彬有礼地开车门,让乘客享受到贵宾式的服务感受。定位中端市场的 Uber X 或人民优步,则会在一些实用需求上下功夫,如提供矿泉水、免费 Wi-Fi、手机充电等。Uber 优质服务的实现,靠的是一套双向评价的数据体系。相比其他打车软件,这套评价体系的影响力,体现在评价是与奖金直接挂钩的。Uber 内部对司机评价有两个最重要的指标:乘客评分和接单率,每周进行一次结算。乘客评价满分是 5 分,如果司机平均分低于4.8 分,则拿不到奖励。同样,如果系统自动派单,司机接单率达不到80%,那么这周就没有了奖励。因此,司机非常看重乘客的评价,也很少会拒单。

在分析痛点时,我们要思考:给用户带来什么价值,满足用户什么需求。因此,痛点定位主要包含精准用户定位(哪一类用户及特征与属性)、核心需求定位(用户消费是满足哪一种需求)和核心价值定位(产品的核心优势和独一无二的价值)。在这一步中,需要通过提炼把痛点及其特征聚焦起来,使产品和服务具有如下特性。

- 更有效。用户首先追求的是产品能够更好地解决问题与提升满足感。从产品功能上发掘与发现用户未被满足的需求。
- 更超值。用户追求具有更高性价比的产品和服务，期待更低的价格甚至是免费，以获得超值的产品。
- 更快捷。用户讨厌复杂与等待，要以快捷、方便和简单的方式满足用户需求。
- 舒适感。用户希望在有限的生命里追求最多的幸福体验，要充分照顾用户的全方位感受，关注其人性需求，给用户难忘的体验。
- 归属感。用户不仅仅关注产品与服务的功能和属性，也关注高层次的情感体验、表达和追求，如身份象征、价值观体现、情感表达等，例如，很多企业老总和高管用华为手机，而很多普通员工、年轻白领或学生喜欢用苹果手机。

抓住用户的真实痛点，往往会帮助企业走向真正的成功，寻找用户痛点一般采用头脑风暴、访谈与观察等方法。

1. 头脑风暴

头脑风暴往往是定义用户痛点和解决方案的基本起点。初创小组带着强烈的同理心去进行头脑风暴，将自己代入用户的角色，定义用户痛点和解决方案。

🖥 充电链接

头 脑 风 暴

头脑风暴是一种创造能力的集体训练法，最早是精神病理学上的用语，其目的在于产生新观念或激发创新设想。头脑风暴法又称智力激励法、自由思考法，是由美国创造学家 A. F. 奥斯本（Alex F. Osborn）于 1939 年首次提出，1953 年正式发表的一种激发性思维的方法。

当一群人围绕一个特定的兴趣领域产生新观点的时候，这种情境就叫作头脑风暴。由于团队讨论使用了没有拘束的规则，人们就能够更自由地思考，进入思想的新区域，从而产生很多的新观点和问题解决方法。当参加者有了新观点和想法时，他们就大声说出来，然后在他人提出的观点上建立新观点。所有的观点都被记录但不进行批评。只有头脑风暴会议结束的时候，才对这些观点和想法进行评估。头脑风暴的特点是让参会者敞开思想，使各种设想在相互碰撞中激起脑海的创造性风暴。头脑风暴法可分为直接头脑风暴法和质疑头脑风暴法,前者是在专家群体决策基础上尽可能激发创造性,产生尽可能多的设想的方法,后者则是对前者提出的设想、方案逐一质疑,发现其现实可行性的方法。头脑风暴是一种集体开发创造性思维的方法。

在每个分解的环节中,都可以通过头脑风暴的方式回答以下几个问题。

- 在这个环节中都有什么痛点,是功能性的痛点还是体验性的痛点?
- 我们能提供的解决方案是什么?
- 这个解决方案和原有的方案有什么差异?
- 我们自身能力是否能够匹配这个解决方案的实现?

练一练

利用头脑风暴的方法,思考当代大学生如何做才不虚度光阴。

头脑风暴可以作为定义基本假设的基本方法,但应注意任何头脑风暴的结果及任何在用户探索阶段得到的结论都只是未经证实的假设,并非最终的事实。在进行头脑风暴时,要遵守以下几项基本原则。

- 不要在想法刚刚被提出来时就进行抨击,先积累大量点子再进行判断。
- 鼓励大胆和天马行空的点子。
- 主持人要保证不能偏题。
- 一次只能有一个人说话。
- 追求更多的点子,数量越多,其中具有创造性的就越多。

头脑风暴有很多形式,例如,利用数据图表或者讲故事的方法来展现创意。这一过程体现了一个重要的思维方法——发散性思维。我们要尽可能多地收集点子,在发散的基础上再进行聚焦。在发散的过程中,尽量不要引入价值判断,在聚焦的过程中再逐步进行价值判断。还没有对某个点子进行发散性思考,就把这个点子锁定在某个特定的轨道上,是头脑风暴过程中一个常见误区。

2. 访谈和观察

如果没有深度访谈和参与式观察,将自己变成用户的一部分,所获得的用户痛点假设和解决方案假设都是不完整的,其认知都是缺失的。在这一步中,应真正地、面对面地接触客户,把自己变成用户之一。

谈及客户调研,很多创业者的第一反应是问卷调查或者焦点小组。虽然问卷调查和焦点小组表面上比客户访谈的效率高,但是在调研初期却不宜使用,原因如下。

- 做问卷调查要求调查者知道应该问哪些问题。如果在一开始便做问卷调查,很难把所有该问的问题都问道,因为在这个阶段还不知道该问哪些问题。在做客户访谈的过程中,调查者不仅可以提问题,可以让客户详细地阐述自己的回答和原因,还可以根据访谈的情况尝试不同的问题。客户访谈的目的就是把不知道的东西问清楚。
- 问卷调查还要求你知道正确的答案。在做问卷调查的时候,不仅需要问正确的问题,还必须提供正确的答案以供客户选择。回忆我们自己被调查的时候,有多少次是选择"其他"作为最佳答案呢?在客户调研初期,最好的问题是没有正确答案的"开放式问题"。
- 在做问卷调查的时候,无法观察客户。跟客户的答案一样,从客户的肢体语言也可以看出问题和解决方案是否匹配。

焦点小组这种方法也有较大缺陷,不宜使用。焦点小组的问题在于组员们很快就会产生从众心理,而在这种心理的影响下得出的结论对大部分产品来说都是没有意义的。

访谈法是指通过和目标用户面对面地交谈来了解用户的心理和行为的心理学基本研究方法。访谈法具有较好的灵活性和适应性。访谈目标用户可根据需求的不同灵活调整,既可进行事实的调查,也可进行意见的征询,还可对新功能进行目标用户内部测试。

(1)撰写访谈提纲。

- 用户背景:如职业、教育、家庭、社会关系等。
- 相关的心理需求:如喜恶、渴望。
- 现有产品使用环境:如生活环境、工作环境。
- 其他使用者:包括他们的信息、使用情况等。
- 动机:希望达到的目标、选择某些产品的原因等。
- 现有产品使用评价:如满意度、喜爱度等。
- 现有产品使用习惯:包括常规的和用户个性化需求等。
- 功能、期望:即想要的功能,预期。

(2)访谈提纲的注意事项。

① 谈话主题应该以调研为主,而不是以推介为主。在做推介的时候,客户的表达机会较少,很可能会隐藏自己的真实想法。做推介的前提是认为自己的产品就是客户想要的产品,也就是说,问题和解决方案相互匹配。但是,在推介

恰当的解决方案之前,必须先弄清楚客户的问题到底是什么。调研和推介正好相反:访谈者把背景交代好即可,把大部分时间给客户,让他们谈自己的想法。访谈者不必知道所有问题的答案,而且其与客户之间的任何互动(包括问答技术支持以及功能请求等)都是调研的好机会。除此之外,和听推介相比,人们更愿意帮助那些希望得到建议但又不苛求的创业者。

②　不要直接问客户想要什么,要从他们做的事情中挖掘信息。客户会在访谈的过程中说谎,这很正常,有时候是碍于面子,有时候则是因为他们对谈论的东西不了解或者不是很关心。访谈者的任务不是揪出客户的谎言,而是想办法在访谈中深入挖掘客户到底做了些什么,并以此来验证他们的说法。例如,客户说有个问题非解决不可,便应该继续深入,问问他现在是怎么解决这个问题的。如果他没有采取任何措施,生活也没有受到影响,那么这个问题可能并不像他所说的那么严重。不过,如果他正在使用自创的办法或者竞争对手的方案而又觉得并不满意,那么这个问题也许值得解决。还有一个技巧是,要让客户尽快采取行动。如果某个客户说他愿意为你的产品付费,便可直接让他先付一点预付款,同时向他保证不满意可全额退款。

③　依据访谈大纲。在客户访谈的时候多探索,这非常重要,但是也要记住访谈是为了达成特定的学习目标。如果忘了这一点,很可能浪费大把的时间,却只得到很多毫无用处的信息。在做推介的时候,可能会随时修改"稿子"。但是访谈不同,没必要在每次访谈完之后都修改问题大纲。访谈必须前后一致,而且可重现,这样才是系统的方法。问题大纲可以帮助访谈者把握访谈重心。

④　选择多种类型的受访者。虽然访谈的首要任务是确定早期接纳者的各种特征,但并不是所有的受访者都是早期接纳者。应该尽量选择多种类型的客户,再逐渐细化,避免落入局部最佳的陷阱。在第二轮访谈中,还有机会仔细筛选客户群体。

⑤　尽量面对面地进行访谈。面对面交谈除了可以看到对方的肢体语言之外,还可以使人产生一种亲近感,这种感觉是其他交流方式所没有的。有了这种亲近感,才能建立起良好的客户关系。

⑥　从认识的人开始。刚刚开始的时候可能很难找到客户做访谈,这时可以找一些自己认识而又符合目标客户特征的熟人进行访谈。然后,让他们介绍几个朋友,再由朋友介绍朋友,这样就能访谈到更多的人。这样不仅能帮助访谈者熟悉问题大纲,还有助于找到更多的受访者。

⑦　找个人一起。在访谈的时候,如果有第三人在场,不仅可以确保自己不会漏掉什么信息,还可以让访谈者记住自己的调研目标。

⑧ 保证充足时间。访谈一般为 20～30 分钟，节奏不紧不慢。一定要在访谈之前就和受访者交代清楚可能需要多少时间，而且一定要尊重受访者的时间安排。

⑨ 不要做记录。访谈者在很早的时候就尝试过（在得到受访者同意的情况下）把访谈的内容录下来，但发现这样会让有些受访者感到不自在，导致观察者偏差，且很少有人把录下来的访谈再听一遍。不过，每个人的情况不一样，这一条仅供参考。

⑩ 访谈结束之后马上把结果写下来。

在访谈结束后花几分钟的时间把访谈的结果写下来，整理后与其他人复盘、讨论。

（3）招募用户。

在招募受访者时，应尽量寻找产品目标用户。寻找性情温和，符合大众用户特质，不偏激，能清晰地表达自己的想法和见解的用户。

寻找受访者的方法可以有以下几种。

① 从周围的人开始。从自己认识且符合目标客户群体特征的人入手。有些人觉得熟人往往难以给出准确的反馈，但能做访谈总比什么都不做好。同时，可以通过熟人引荐新的受访者，介绍其他符合目标客户特征的人。可以给引荐人准备模板，这样对方就可以直接复制，不必再浪费时间。

② 打老乡这张"人情牌"。一般来说，如果双方来自同一个地方会更容易亲近，善用"人情牌"更容易打动调查者。

③ 用预告页面收集受访者。如果主要渠道有网站，应该尽早做一个预告页面吸引受访者。虽然不能确定这里面招来的人是否属于自己的客户群体，但他们确实被产品的独特卖点打动了，而且采取了行动。可以联系他们，看看他们是否愿意花二三十分钟的时间见个面。

④ 让受访者看到访谈的成效。把访谈做得像"正式采访"那样，把访谈的结果写成文章、博客，或者录制一个视频。

⑤ 直接打电话或发邮件。不管是直接出击还是经人介绍，让潜在受访者同意接受访谈的秘诀都是："正好说中对方头疼的问题"。不过，刚刚开始访谈的时候可能还没法做到这一点，可以先使用其他方法做几个访谈来确定访谈内容。

👥 案例

第二次世界大战之后，一种名为 Drag Racing 的赛车运动在美国开始流行起来，这就是我们今天熟知的直线加速赛。这种比赛对于发动机的瞬间爆发力要求非常高。正是因为直线加速赛的不断风靡，美国各大汽车公司纷纷开始研发大排量的性能车型。虽然当时的肌肉车①一大特点就是物美价廉，但是对于第二次世界大战之后年轻人逐步成为汽车消费主体的美国，肌肉车的价格还是超出了这部分群体的承受能力。嗅觉敏锐的福特高层显然看到了这一点，于是进入青年群体深入调查，发现了年轻人对汽车的新要求是：拥有时尚的外观；价格亲民；紧凑型跑车；具有强劲的车辆性能，于是顺应潮流推出一款受到年轻一代欢迎的全新车型。

在这样的需求引导下，第一代野马汽车正式发布，这款车型不仅一炮打响，更是创造了经典。在福特开始接受预订的第一天，福特的经销商就收到了2.2万份订单，上市第一年便达到了40万辆的销量，仅用20个月便达到百万辆销量。

20世纪90年代，福特推出了野马的换代版，换代版的标注马力远远超过上一代，也就是动力更加强劲，但用户却常常反馈换代版动力不足，马力赶不上老车型。为了探究这一奇怪现象的原因，福特派了一个由社会学家组成的研究团队深入用户中进行观察和沟通，经过对用户的深入访谈，研究团队得出的结论是：马力这个概念不是个数值概念，而是一种感觉，它与坐车时身体的晃动、感受的噪声都相关。改版之后，车比原来更平稳了，噪声也更小了，用户就误以为这个车动力不足。于是研究团队重新设置了关于马力的描述，它不再只是一个数值概念，还跟声音、身体晃动程度及车的行驶状态等有关。

无论是野马的产生，还是野马的换代，我们都可以发现，创业者通过访谈、观察和深入调查挖掘到了很多出乎意料的信息，而这些信息是很难通过头脑风暴得来的。

3. 从失败中学习

从别人的失败中学习，即在获取认知的过程中，不但自己亲身拓展认知，同时也积极地研究别人的失败教训，以低成本的方式获取认知。

比尔·盖茨曾说过："成功是个烂老师，他诱惑聪明人，自以为永远不会失败。"事实上，每一次成功的背后都有不同的机遇、需求等诸多不可复制的因素，创业者应该懂得积累失败的经验，而不是成功的方法，因为失败的经验可以成为

---

① "肌肉车"一词出现于20世纪八九十年代，特别用于称呼活跃于20世纪六七十年代的一类搭载大排量 V8 发动机、具有强劲马力、外形富有肌肉感的美式后驱车。

未来成功的基石,而成功的经验几乎无法复制。

失败的经验可以来自团队自身在对市场探索中犯过的错误,也可以来自别人的失败中的各类信息,失败经验有助于迭代自己的认知。

在美国,有一家聚焦消费类产品的公司,它的商业模式非常简单,就是在美国设计并在中国生产,再运回美国销售。但它却利用精益创业思维取得了行业内的独特地位。这家公司非常善于从别人的失败中学习,当它打算设计一个新的电子产品时,它会派出大量的人力去阅读亚马逊上相关产品的差评,他们尤其关注那种销售量较多或者影响力较大的产品。这个团队每天专注分析同行所犯过的错误,最终将差评转化为认知,继而有针对性地进行自己的产品设计。例如,有一款音箱,是竞争对手发布的在浴室中使用的无线小音箱。通过用户对产品的客观评价,这个团队总结了两个重要的经验:首先要在防水性上多下功夫,半开放式的设计不是一个好的选择;其次是开放式挂钩的音箱在浴室里很容易滑落。汲取了竞争对手的失败经验之后,公司设计的第一款浴室无线小音箱是全封闭的,挂钩也是防止滑落的封闭式挂钩,在挂钩设计及防水设计上都有质的飞跃。这家公司没有依靠投入产品开发费用获取认知,而是从竞争对手产品的差评中挖掘信息,成本几乎为零。

案例

雷军,作为小米科技的创始人,他的成功之路并非一帆风顺,而是充满了挑战与失败。然而,正是这些失败的经历,铸就了他坚韧不拔的性格和独特的商业智慧,最终引领他走向成功。

雷军在创立小米之前,已经有过多次创业尝试。1992 年,他辞去了安防厂的工作,投身于软件开发,先后创办了两家公司,但遗憾的是,这两家公司都未能取得预期的成功。这些早期的创业经历虽然充满了挫折,但也为雷军积累了宝贵的经验和教训,让他更加明白创业的不易和市场的残酷。

然而,雷军并没有因为失败而放弃。相反,他选择了坚持,并从失败中汲取教训,不断调整自己的策略和方向。在金山软件的岁月里,雷军不仅推动了公司的发展,还培养了一批优秀人才,展现出了过人的管理才能和商业眼光。这段经历不仅让他的职业生涯得到了升华,更为他日后的创业之路奠定了坚实的基础。2010 年,雷军决定再次出发,创立了小米科技。这一次,他更加谨慎和明智。他深知市场的变化和消费者的需求,因此选择了智能手机这一具有巨大潜力的领域作为突破口。最终,小米凭借出色的产品性能和独特的营销策略,在市场上取得了巨大的成功。雷军的"饥饿营销"策略更是让小米迅速崛起,成为消费者心中的热门品牌。近年来,雷军与小米公司更是在智能汽车领域掀起了新的浪潮。小米汽车的推出,展现了雷军对技术和未来的深刻洞察力。他将小米在智能硬件和人工智能领域的技术优势,与汽车制造相结合,致力于打造更智能、更具竞争力的电动汽车产品。

雷军的成功并非偶然,而是他多年努力和坚持的结果。他从失败中吸取教训,从成功中积累经验,不断学习和进步,最终实现了自己的创业梦想。

想一想

团队收集我国历史上"从失败中学习"的事件、名言警句等,分享并讨论。

找到切入点后,应该利用市场调查数据对细分市场中的典型用户作详细描述。此时要做的不是拼命把产品或服务推向市场,而是充分认识目标用户及其特征。

(三)用户细分

1. 用户细分的含义

用户细分在 20 世纪 50 年代中期由美国学者温德尔·史密斯提出,其理论依据在于顾客需求的异质性和企业需要在有限资源的基础上进行有效的市场竞争。用户细分是指企业在明确的战略业务模式和特定的市场中,根据客户的属性、行为、需求、偏好以及价值等因素对客户进行分类,并提供有针对性的产品、服务和销售模式。按照客户的外在属性进行细分最简单直观,数据也很容易得到。

2. 用户细分的目的

从客户需求的角度来看,不同类型的客户需求是不同的,想让不同的客户对同一企业感到满意,要求该企业提供有针对性的、符合客户需求的产品和服务。为了满足这种多样化、异质性的需求,需要对客户群体按照不同的标准进行细分。

从客户价值的方面来看,不同的客户能够为企业提供的价值是不同的。企业要想知道哪些是企业最有价值的客户,哪些是企业的忠诚客户,哪些是企业的潜在客户,哪些客户的成长性最好,哪些客户最容易流失,就必须对自己的客户进行细分。

　　从企业资源和能力的角度来看,如何对不同的客户进行有限资源的优化应用是每个企业都必须考虑的。因此,在进行客户管理时,有必要对客户进行统计、分析和细分,使企业能根据客户的不同特点进行有针对性的营销,赢得、扩大和保持高价值的客户群,吸引和培养潜力较大的客户群。客户细分能使企业拥有的高价值客户资源显性化,并能够就相应的客户关系对企业未来盈利进行量化分析,为企业决策提供依据。

3. 用户细分的方法

　　用户细分的方法有很多,常见的包括以下几种。

　　(1) 根据用户的外在属性分类。例如,按物业项目的类型(住宅、写字楼、商业用地等)划分、按客户的地域分布划分、按客户的组织归属划分(如企业用户、个人用户、政府用户)等。这种划分方法简单、直观,数据也很容易得到,但这种分类相对比较粗放。

　　(2) 根据用户的内在属性分类。例如,性别、年龄、籍贯、信仰、爱好、收入水平、家庭成员数、价值取向等。

　　(3) 根据用户的消费行为分类。例如客户的消费场所、消费时间、消费频率、消费金额等。通常我们很容易从客户历史消费记录中统计得到这些数据,但这种分类方法显而易见的缺陷就是它只适用于现有的客户。对于潜在的客户,由于消费行为还没有开始,分类自然也就无从谈起。

案例

　　很多人都认为企业的终极目标是盈利,这当然不可否认。但事实上,盈利只是结果,而不是目的与初衷。企业是为了满足客户的需求、为客户或消费者创造更多价值而诞生的。如果不是,则很难打动消费者。雅诗兰黛就是一个用品牌和产品打动消费者的集团,雅诗兰黛集团成长的诀窍之一就是收购有魅力、对公司具有意义的品牌。其旗下不论是护肤品、彩妆还是香水,都有其品牌特色。在品牌战略上,雅诗兰黛与其他成名化妆品公司不同,尤其是与欧莱雅、宝洁这样全面阶梯品牌的公司不同,它旨在用产品气质、品牌特质打造高精品牌,品牌在精而不在多。

　　在细分市场中,不是只有高端、中端和低端三个思路,也不是只有护肤品、彩妆、香水这样按品类分的战略。雅诗兰黛看中中高端市场,并以独特的品牌魅力区别品牌间的不同。这样,无论你是恬静的、妩媚的、疯狂的,还是带有任何特质的,都能在雅诗兰黛找到适合自己的品牌,免去了中产阶级在高档柜台间左右为难的场景。雅诗兰黛定位于中高端客户群体,收购的品牌和开发的产品也是基于此展开的,它让集团旗下的每一个品牌都代表本领域的极致。

三、创业实践——用户访谈

(一)实验目的

根据产品目标设计用户访谈大纲,并进行用户访谈,最终确定用户的真实需求,即问题。

用户访谈

(二)课前准备

(1)项目化教室,可容纳 6～8 组。
(2)每组一张 1 开白纸、多色马克笔。
(3)精益创业画布挂布。
(4)建议用时 50～60 分钟。

(三)实验内容

(1)通过视频和教师讲解,理解用户访谈的要求、步骤、流程及核心。
(2)每组同学根据上节课确定的项目,设计自己的用户访谈提纲。
(3)走出教室,根据提纲完成用户访谈,并记录。
(4)收集用户访谈特点,绘制用户画像。
(5)根据用户访谈结果,确定项目内容是否为用户的真需求,并及时更新迭代。

(四)总结与反思

每组完成不少于10人的用户访谈及可视化访谈报告,分析用户痛点与自己的项目是否匹配,初次迭代。

充电链接

用户画像

作为一种勾画目标用户、联系用户诉求与设计方向的有效工具,用户画像在各领域得到了广泛的应用。用户画像是真实用户的虚拟代表。它是基于真实的、根据目标的行为观点的差异，将人们区分为不同类型，并迅速组织在一起，然后把新得出的类型提炼出来，形成一个类型的用户画像。用户画像可以使产品的服务对象更加聚焦。在行业里，我们经常看到这样一种现象：做一个产品，期望目标用户能涵盖所有人，男人女人、老人小孩、专家"小白"……通常这样的产品会走向消亡，因为每一个产品都是为特定目标群的共同标准而服务的，目标群的基数越大，这个标准就越低。换言之，如果这个产品是适合每一个人的，那么其实它是为最低的标准服务的，这样的产品要么毫无特色，要么过于简陋。

纵览成功的产品案例，其服务的目标用户通常非常清晰，特征明显，体现在产品上就是专注、极致、能解决核心问题。

用户画像可以在一定程度上避免产品设计人员草率地代表用户。代替用户发声是在产品设计中常出现的现象，产品设计人员经常不自觉地认为用户的期望跟他们是一致的，并且总打着"为用户服务"的旗号。这样的后果往往是：我们精心设计的服务，用户并不买账，甚至觉得很糟糕。

所以，用户画像描述的并不是一个真实的人，而是根据多个人的特点收集到的真实数据而组合成的角色，如图 3-1 所示。用户画像在很大程度上为冰冷的数据增加了人情味。

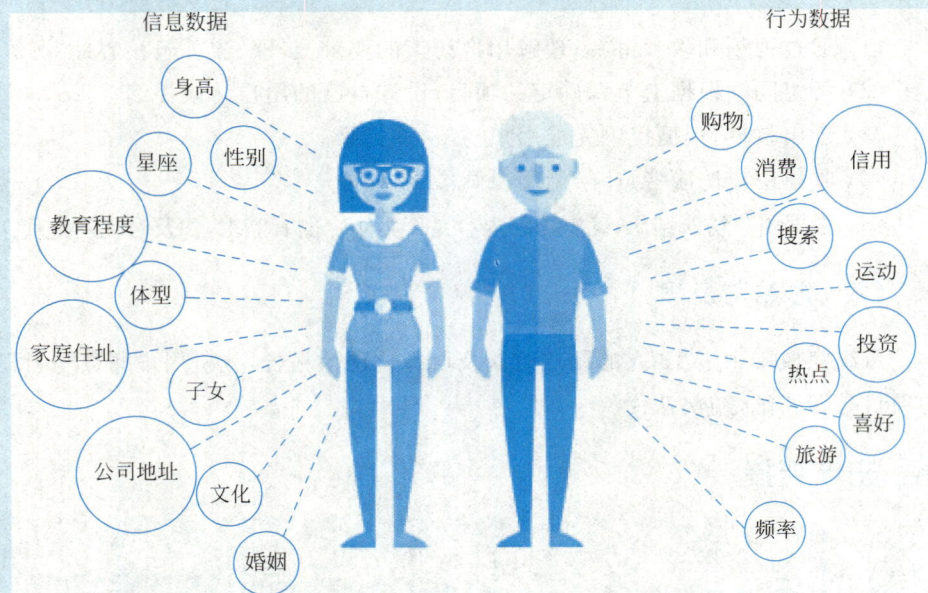

图 3-1　用户画像

四、自我反思

（1）你们小组设计的用户访谈大纲是：

①

②

③

④

⑤

......

（2）你是否完成了 10 个人的用户访谈工作？如果没完成请分析原因。

（3）请记录你完成用户访谈的情况。

（4）请总结用户访谈结果，绘制小组项目的用户画像。

用户群体分
类案例分析

> 答案：进入有开关的房间，打开
> 开关 A，在 5 分钟后关闭 A，再
> 打开开关 B 进入有灯的房间，
> 看到亮着的灯为开关 B 控制，
> 用手摸一下除了亮着的灯以外
> 的两盏灯，哪盏灯较热，哪盏的
> 开关就是 A，剩下一盏灯的开
> 关就是 C 了。

（5）在本次活动中，请根据本小组的积极性、参与度、思维发散性等进行评分，满分 10 分。你觉得小组应该得多少分？你觉得自己在本次活动中贡献了多少工作，以百分数计。

自评小组得分（满分 10 分）：＿＿＿＿＿＿＿＿＿＿。

自评个人贡献率（100%）：＿＿＿＿＿＿＿＿＿＿。

五、思维训练

《登幽州台歌》是唐朝著名诗人陈子昂的名作："前不见古人，后不见来者。念天地之悠悠，独怆然而涕下。"气概昂然，心忧天下，是唐诗中不可多得之作。陈子昂两次参加科举均落第，第二次落第后终于想出办法，进行了一次精准营销。

长安市场上有人卖造型怪异但精美的胡琴，要一百万钱。围观的人很多，但没有人敢买：一是价格贵得离谱，没人愿意买；二是没有人会弹这种琴。这时候，陈子昂挤进人群，说："这琴我会弹，我买了！"说完真拿出一百万钱，买走胡琴。围观的人很惊讶，问他会不会弹，陈子昂自信地说自己是弹这种琴的高手，并说出自己的住址，有兴趣的可以第二天中午去听他弹琴。此事很快在长安城传开了，第二天，陈子昂住处门口云集了众多围观者，屋里根本挤不下。陈子昂只让名仕和权贵进屋，拿出琴来，突然说，我根本不会弹琴，不过我对自己的文章还是很有信心的，大家可以看看。说着当众砸了胡琴，拿出几卷文章。众人看了文章后，觉得不错，从此陈子昂名声大震，在后来的科举考试中金榜题名。后来大家才知道，卖胡琴的人是陈子昂找来的"托儿"。

练一练

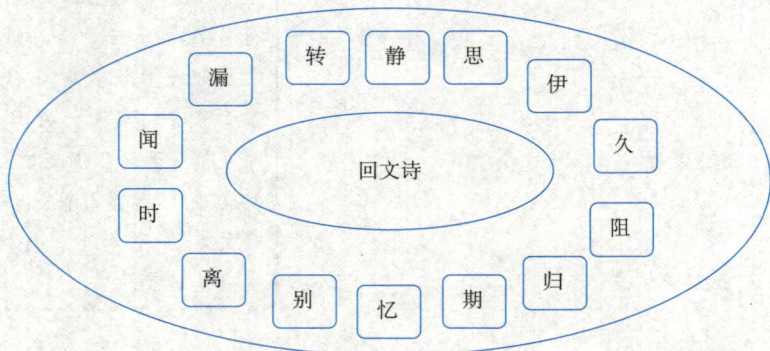

漏　转　静　思　伊

闻

时　　　回文诗　　　久

离　　　　　　　　　阻

别　忆　期　归

　　六月的一天下午,苏小妹与长兄苏东坡正荡舟湖上,欣赏景致,忽然有人呈上苏小妹丈夫秦少游捎来的一封书信。打开一看,原来是一首别出心裁的回环诗,苏小妹看罢微微一笑,立即省悟出其中的奥秘。你能读懂其中的奥秘吗?(答案请在本书中找。)

分数大于 75 分：有相当敏锐的观察能力。很多时候,你会精确地发现某些细节背后的联系,对你培养对事物的判断力非常有好处。但是,你需要注意的是,很多时候,你对别人的评价会带有偏见。

课堂实施指导画布——不可替代 撬动顾客

1. 知识要点
(1) 真需求与伪需求
(2) 核心竞争力
(3) 同理心

2. 前课回顾
(1) 客户探索的途径
(2) 用户访谈的方法
(3) 精益画布的内容

3. 课堂目标
(1) 了解精益思想的用户思维
(2) 掌握独特卖点的挖掘
(3) 理解同理心在创业中的应用

4. 教学资源
(1) 在线学习平台
(2) 精益创业学习手册
(3) A4白纸
(4) 水彩笔
(5) 精益创业画布挂图

5. 课堂组织
(1) 每组进行一位典型用户访谈模拟
(2) 完成同理心画布
(3) 教师梳理与讲解

6. 考核要点
(1) 学生出勤
(2) 访谈设计的合理性
(3) 同理心画布

7. 效果反馈
(1) 完成同理心画布
(2) 确定项目的独特卖点
(3) 完成精益创业画布③④模块的迭代

模块四 不可替代 撬动顾客

♻ **回顾与思考**

1. 针对同一个痛点可以有不同的解决方案,有可能每个解决方案都能给用户带来巨大的价值。（　　）

    A. 对   B. 错

2. 在进行用户访谈时,我们可以围绕问题进行,看看客户对我们提出的问题有什么想法;也可以针对解决方案进行,向客户展示一个"演示产品"。（　　）

    A. 对   B. 错

3. 在模块三的用户访谈过程中,你有什么体会?

精益画布的
应用

一、脑洞大开

（1）经过几节课的相处，你是否有想要调换团队的想法？

（2）如果你的团队有不尽完美的地方，你是否愿意与团队成员一起，不断打造和优化自己的团队和项目呢？请写出你的解决方案。

（3）你觉得你在团队中的作用是可有可无，还是至关重要呢？请小组成员分享。

（4）你觉得自己是否具备别人没有的优点或者特质？

二、理论指导

寻找自己特质的过程便如同在确定产品的独特卖点。

（一）独特卖点

在精益创业画布正中间是独特卖点。这是画布中最重要的部分，也是最难写对的一部分。独特卖点必须把产品的核心价值提炼成寥寥数语，短小精悍。此外，独特卖点还必须与众不同，要有打动人的新意。罗瑟·瑞夫斯在1961年出版的经典著作《实效的广告》中，引入了独特卖点的概念。独特卖点就是自己有而竞争对手没有，或者竞争对手虽然也有而自己的更好的产品特点。

在用户访谈或者面对面中，只通过一句话就使别人愿意购买产品或服务很难，所以更重要的是得到潜在用户的关注。

有调查显示，一个崭新的网站，首次到访的访客平均会在主页上停留8秒。独特卖点是他们和产品进行的第一次互动。如果独特卖点设计得好，那么他们可能就会留下来，继续浏览网站的其他部分；否则，他们就会直接离开。

案例

　　Google 似乎早已经成为创新的代名词,其产业模式决定了公司的创新基因。公司对创新的鼓励和创新氛围的营造,使创新精神成为公司生存指南。

　　著名的 Google News 其实源自一位工程师的"灵机一动":他希望看到最热门的新闻,但又不满意门户网站编辑的筛选结果,于是就亲自动手,实现了一个由软件自动编选、排序的"新闻中心"。这种创新加上实干的企业文化直接影响了 Google 公司对新产品和新技术的思考方式。

　　其实,在 Google,创新文化已经融入了员工身边的每一件事。有一次,公司的一位老板对自己手下的一个团队说:"你们只要达到目标,我就送你们一个游泳池。"当时大家都觉得这不可能,因为在高楼大厦中间没有足够的地方建游泳池。结果,那个团队真的达到了目标,老板第二天就把游泳池带来了:不过,这是一个充气游泳池。后来,Google 真的建了一个游泳池,而且很独特,只有四米长。四米长,怎么游泳呢?它有一个逆流喷水装置,让人永远在同一个地方游,跟跑步机原理一样。

　　Google 的两位创始人也不会忘记发明一些"新奇"的玩意儿来为工作增添些乐趣。有一次,拉里·佩奇自己动手,将装有自己开发的测试程序的笔记本电脑安装在可以遥控的玩具车上,然后蹲在地上,指挥着自己的测试车跑遍公司的各个角落,目的竟然是为了测试公司内部的无线网性能。

　　作为一家著名高科技公司,Google 公司极其崇尚创新,这种"不创新,毋宁死"的理念,还延伸到了厨房。Google 总厨规定,每个餐部必须每天至少推出一种新菜品。这种浓厚的创新和互动氛围,极大地激发了厨师们的创造热情,他们在按规定研制新菜品的同时,还主动地投入菜品研发的技艺海洋,这已经成为他们作为这家创新型公司的厨师的自觉追求和职业使命。也正因如此,在一般的餐厅,厨师尤其是大厨和主厨,每几年就会更换,以保证有新口味,而在 Google 公司,所有厨师都可以永远做下去,只要他能不断地推出新的菜品、菜式和口味。

想一想

　　请你为 Google 设计一个独特卖点。

　　那么如何有效地设计独特卖点呢?
　　(1)要与众不同,还要有独到之处。要想找出产品的不同之处,最好的办法就是直接从要解决的头号问题出发推导独特卖点。如果这个问题确实值得解决，那便已经成功大半了。

（2）针对早期接纳者进行设计，也就是关注天使用户。很多营销人员都喜欢针对"普通人"做设计，希望能得到主流受众的青睐，为了做到这一点，他们会把整个设计做得平庸不堪。现阶段的首要任务应该是找出那些可能成为早期接纳者的人群。

（3）专注于最终成效。一般而言，宣传的重点应该是产品能带来什么好处，而不是产品有什么功能。不过，即使宣传方案中说了产品的诸多好处，客户仍然会用自己的世界观来消化它。好的独特卖点能打动客户，它着重表达的是客户在使用产品之后能得到的好处，即最终成效。

例如，你在做一个写简历的服务："经过专业设计的模板"就是一个功能；"做出让人眼前一亮的简历"就是一个好处；但最终成效则是"得到梦想的工作"。

戴恩·马克斯韦尔提出过一个优秀独特卖点的设计公式：

直白清晰的头条＝客户想要的结果＋限定的时间期限＋做不到怎么办

公式中的第二项和第三项如果能有当然最好，但是没有也没关系。

例如，新鲜出炉的比萨 30 分钟之内送货上门，否则分文不收。

（4）回答：什么、谁和为什么。好的独特卖点必须明确地回答前两个问题——产品是什么，客户是谁。"为什么"这个问题的答案有时候不方便放在同一个句子里，人们常常使用副标题来回答这个问题。

例如，精益创业画布，把时间用来创业，而不是写商业计划——一种让你可以更快、更有效地阐述你的商业模式的工具。

（5）研究其他优秀的独特卖点。要想写出好的独特卖点，最好的方法是研究成功品牌的独特卖点，看看它们到底为什么吸引人，以及哪方面做得好。

例如：

海飞丝——头屑去无踪，秀发更出众。

南方黑芝麻糊，一股浓香，一缕温暖。

麻辣烫："山泉水烫菜，一小时换一锅，麻辣烫也能如此健康。"

想一想

你能写出几个耳熟能详的产品的独特卖点吗？请分析它们有什么异同点。

（1）

（2）

（3）

（4）

👥 案例

　　明朝才子解缙还是个穷小子的时候，与曹尚书家住对门，看到曹尚书家种的竹子，就写对联"门对千竿竹，家藏万卷书"。曹尚书赌气把竹子砍了，解缙又写"门对千竿竹短，家藏万卷书长"，曹尚书干脆把竹子连根刨了，解缙继续写"家藏万卷书长有，门对千竿竹短无"。

　　曹尚书跟他对不过，请来李尚书，李尚书觉得这个孩子前途无量，有心与之结亲。问他父母是做什么的，解缙答"家父肩头挑日月，慈母手中转乾坤"，让李尚书觉得他家不是名门便是高士，就一口答应把女儿许配给他。后来才知道他家是做豆腐的，父亲早晨太阳出来就挑豆腐出去卖，月亮出来了才回家，这是"肩头挑日月"，而母亲在家磨豆子磨一整天，就是"手中转乾坤"了，卖个豆腐都能说得这么高级！可是李尚书话已说出，无法反悔。解缙非常争气，得到皇帝朱棣的重用，编修《永乐大典》，名垂青史。

🔗 充电链接

　　天使用户是指一个产品最早的一批使用者中最认同产品，并希望更多人认同这个产品的那批用户。他们可以是几十人，也可以是几千人，其共性是热爱这个产品，并从口碑、产品改进等角度成为一个产品从小众走向大众的基石。实际上，他们就像天使投资一样，对很多产品和企业有着至关重要的意义。

　　他们是在产品发布早期，愿意义务陪产品团队测试和使用还非常难用而且无比粗糙的产品，并积极免费给予反馈的人。通常这种产品的核心功能满足了这类人的一个简单的高频痛点。也可以叫他们"发烧友用户"。

　　2011年，小米1手机上市，小米的品牌宣言很有意思，那就是"为发烧而生"，也就是用发烧友的品质来要求产品。小米制造出来的产品就是要让消费者尖叫，聚拢发烧友。可是小米1刚问世时，遭到了很多粉丝的吐槽，为了寻找属于自己的忠实粉丝，小米在手机论坛上征集了1 000人，把他们拉进小米的论坛中，要求他们把自己的手机系统刷成小米的 MIUI 系统。对手机用户来说，刷机存在着一定的风险，手机很容易出现无法开机的情况。尽管如此，仍然有100个人愿意将自己的手机操作系统刷成小米的 MIUI 操作系统，因此这100个人成为小米的第一批天使用户，他们的名字都出现在了第一版小米手机的开机页面上。另外，在小米三周年时，还专门为这100位天使用户拍摄了一部微电影。可以说，这100位天使用户是小米社群的起点，这100人对小米的忠诚度是不容置疑的，是小米的核心粉丝。

（二）顾客的类型

推销过产品（无论是口香糖，还是通信设备）的人都知道，每一笔生意都涉及若干客户，他们在不同程度上影响着销售结果。因此，需要考虑目标客户是否由不同类型的客户组成。无论是向大公司推销流程控制软件，还是向普通家庭推销吸尘器，都必须设法满足对方内部不同类型客户的需求。了解客户类型是日后规划销售路线图的必要条件，在客户探索中，要花更多精力琢磨各种客户需求。要明白，客户绝不是单指某一个人，大致可以分成以下几种类型。

（1）最终用户。最终用户是产品的实际使用者，是直接操作产品的人，也是对产品感触最多的人。了解最终用户的需求是必要的，但应该指出，在决定是否购买产品这个问题上，最终用户可能最没有发言权。例如，企业客户的决策权掌握在管理层手里，青少年消费者的购买权掌握在父母手里。

（2）影响决策者。影响决策者虽然不是产品的实际使用者，但是公司（或家庭）购买什么样的产品与他们的利益相关，他们属于利益相关者。例如，家里10岁大的小男孩，他的喜好或多或少会影响父母对日用品的选择。

（3）推荐者。推荐者的意见有时比影响决策者的意见更重要。例如，坚持购买戴尔计算机的部门主管、钟爱某品牌女装的妻子。

（4）出资者。出资者是掌握资金预算并决定实际开支的人。推销产品的人总是迫不及待地想知道谁是出资者。就大众消费市场而言，有实力购买正版音乐的青少年和攒够钱计划去旅游的大学生都可以看作出资者。

（5）决策者。无论最终用户、影响决策者、推荐者怎么想，最终决定购买什么产品的人是决策者。一般情况下，决策者就是出资者，但不能一概而论。在某些情况下，决策者是比出资者具有更高决策权的人，既可能是家住郊区并不富裕的家长，也可能是财富500强企业的CEO。我们的任务是找到决策者，分析他们的决策受哪些因素影响。

（6）作梗者。除了以上这些客户类型外，还有一种作梗者，他们一般在暗处。例如，大公司里难免有一些安于现状的人，使用新产品可能会损害他们的既得利益，甚至导致部门裁员。别指望这些人会欢迎新产品，唯一的办法是设法调查他们的背景，制定更有效的销售策略，化敌为友，将负面影响降至最低。

大众消费产品也可能遇到作梗者，如习惯了开旧款车的老人也许不愿意换新车。

可根据不同类型的客户制作客户备忘录，拟出初步确认的最终用户、影响决策者、推荐者、出资者、决策者、作梗者。如果是企业级产品，还应该注明这些人在公司里的职位和角色。相关的假设还包括：出资者是否有足够的预算购买产品，客户是否喜欢产品，是否应该加大推销力度说服客户增加预算等。由于尚未接触真实客户，有些内容（假设）难以确认是正常现象。并非所有产品都要面对层次如此复杂的客户，但是也极少有产品只面对单一类型的用户。

那么产品的独特卖点是否匹配用户的需求呢？是否为用户提供了解决方案呢？尽管已经完成了用户访谈，但还是容易出现偏差，这就需要深度访谈与观察，与用户建立"同理心"，理解客户的处境，和客户一起想办法解决问题。

（三）同理心

精益创业的
同理心

同理心（empathy）也译为"设身处地理解""感情移入""神入""共感""共情"，泛指心理换位、将心比心，即设身处地地对他人的情绪和情感的认知性的觉知、把握与理解。主要体现在情绪自控、换位思考、倾听能力及表达尊重等与情商相关的方面。

同理心是 EQ 理论的专有名词，指正确了解他人的感受和情绪，进而做到相互理解、关怀和情感上的融洽。

1. 同理心的个人特质

（1）将心比心。能够将当事人换成自己，设身处地去感受和体谅他人，并以此作为处理工作中人际关系、解决沟通问题的基础。

（2）感觉敏感度。具备较高的体察自我和他人的情绪、感受的能力，能够通过表情、语气和肢体等非言语信息，准确判断和体会他人的情绪与情感状态。

（3）同理心沟通。听说者想说，说听者想听。

（4）同理心处世。以对方有兴趣的方式，做对方认为重要的事情。

2. 同理心的六个原则

（1）自己怎样对待他人，他人就怎样对待自己；自己替他人着想，他人才会替自己着想。

（2）想要得到他人的理解，首先要理解他人；只有将心比心，才会被他人理解。

（3）他人眼中的自己，才是真正的自己；要学会以他人的角度来看问题，并据此改进自己在他人心目中的形象。

（4）只能修正自己，不能修正他人；想成功地与他人相处，想让他人尊重自己，唯一的方法就是先改变自己。

（5）真诚坦白的人，才是值得信任的人；要不设防地，以最真实的一面示人。

（6）真情流露的人，才能得到真情回报；要抛弃面具，真诚对待每一个人。

3. 培养同理心的方法

（1）倾听自己的感觉。同理心的起始是倾听自己的感觉，假如无法触及自己的感受，那么要想体会他人的感受，就太难了。因此，必须把自己调整到可以发掘自己的感受，能体会这些感受的状态。

（2）表达出自己的感觉，选择适当的表达感受的方式。

（3）倾听他人的感觉。自己的感受与表达方式不再干扰自己倾听他人，才能开始练习体会他人的感觉，寻找那些可以帮助自己理解他人感受的线索。

（4）回应他人的感觉，产生共鸣。在理解他人的感觉后产生某种反应，让对方认为自己的想法被听进去了，且听者能体会他的感觉。

想一想

（1）你是否抱怨过父母、老师、朋友，甚至是陌生人？

（2）请简单说明一下事情的原委，小组成员进行观察和记录。

（3）你如何应用同理心原理进行辅导？

同理心是一个心理学概念。它的基本意思是说，一个人要想真正了解别人，就要学会站在别人的角度来看问题，也就是人们在日常生活中经常提到的设身处地、将心比心的做法。在创业过程中应用"同理心"理论，有利于确定用户的真需求与伪需求。

图 4-1 所示为"移情图"，表明在进行用户访谈的过程中，可以通过听、说、想得到用户的核心思维。

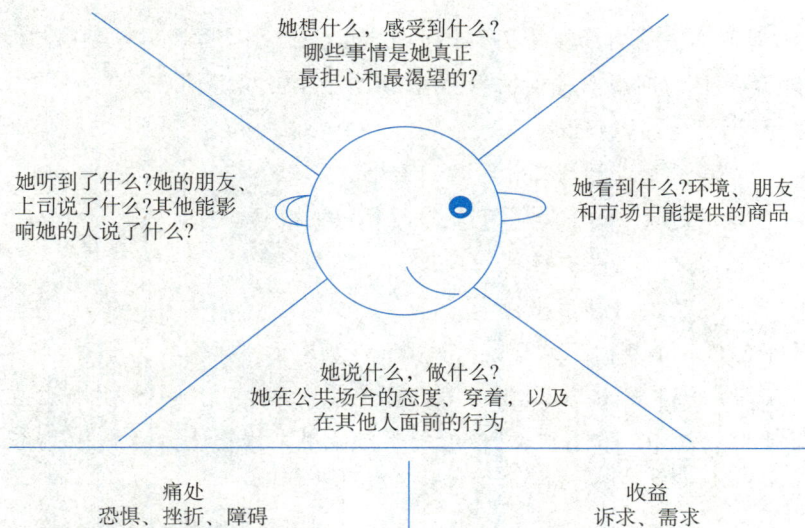

她想什么，感受到什么？
哪些事情是她真正
最担心和最渴望的？

她听到了什么？她的朋友、
上司说了什么？其他能影
响她的人说了什么？

她看到什么？环境、朋友
和市场中能提供的商品

她说什么，做什么？
她在公共场合的态度、穿着，以及
在其他人面前的行为

痛处
恐惧、挫折、障碍

收益
诉求、需求

图 4-1　移情图

精益创业的真
需求和伪需求

🗑 充电链接

移 情 图

Empathy 或者说移情，是用户体验设计师在为产品进行用户体验设计的时候，最强的能力和工具之一。移情是人类情绪和心智中最重要的功能之一，它是产生情感共鸣和理解的基石，也是改善用户体验的重要途径。通常我们所说的换位思考，就是移情。借助移情，设计师站在用户的角度看待问题，了解用户的需求，理解用户的心态，这是改善用户体验的第一步。

在了解移情图之前，应了解什么是移情。IDEO 首席执行官 Tim Brown 在 *Change by Design* 一书中写道："我们思考和用户之间的关系的时候，不应该是'我们对他们'，也不是'我们代表他们'，而应该是'我们同他们一起'。"

而移情不仅仅需要设计师站在用户的角度，还需要穿上用户的衣服，身处用户的环境，基于用户所面对的真实需求，只有在这样的状况下，才会真正体会用户的痛点，真正提供有效的方案，帮他们解决问题。为什么一定要这样呢？很简单，只有身临其境才会知道这个时候应有的想法，使用什么样的语言，阐述什么样的感受。

这些就是移情所能做到的事情。

移情图在设计流程的起始阶段非常有用。可以尝试在探索产品需求前，初期用户研究后完成移情图，聚焦问题解决的产品策略，揭示哪些问题需要我们解决，如何解决它们。移情图的优点在于，它让设计师重新审视用户所处的状况，理解用户的问题和他们的世界观，具体优势有以下几点。

- 易于创建，足够快速。
- 可以和原型设计的工作流程结合起来。
- 可以通过调研迭代出尽可能贴近真实的数据。
- 可以用来确定关键性的问题。
- 更好地理解目标用户。

无论创建一个新的网站还是新的 App，如果设计师没有同理心，产品和用户的真实需求便很难对接，这样必然会将产品导向失败。当然，移情图在整个产品设计中是一环而非全部，它能够指明产品用户体验设计的方向，降低用户在使用过程中的挫折感，帮助产品更上一层楼。

让我们来看看如何建立一个"10 分钟用户画像"的移情图。在开始实践前，需要对用户群体有大致的了解。此后具体步骤如下。

（1）找一个白板，一个配套的大幅挂图，或打印出一个模板。

（2）每次讨论时间为 30 分钟至 1 小时。

（3）邀请产品团队的核心成员——产品经理、开发人员、营销人员，以及其他设计师。

（4）提一个比较宽泛的问题帮助大家打开思路，例如，"为什么会有人买一部新的 iPhone？"

（5）根据不同用户预留白板上的空间。

（6）分发便签，鼓励大家写下自己与移情图各个象限相关的想法和点子。

（7）查看完成后的移情图并讨论所有规律和异常点。

我们可以针对问题进行深度用户访谈，也可以针对解决方案进行用户访谈，在用户访谈的过程中完成移情图，重新定义用户的痛点。

案例

"拥抱"

这本来只是一群大学生的课程作业，在一颗心的推动下，发展成了成千上万早产婴儿的守护神。

全球每年大约有 2 000 万个早产儿诞生，而其中的 400 万个会在出生的当月死去，原因简单得惊人：冷！刚出生的婴儿，还没有发展出足够的体脂保持体温,离开母体后,体温很快下降。假如不及时保暖,这些小生命很容易死去。所以很多早产婴儿在医院出生后会被放进恒温箱里。斯坦福大学几个学生做的一个公益性项目,名字叫 Embrace(拥抱)。这个项目的目标是解决印度地区新生儿死亡率高的问题。经过头脑风暴得出的初步结论是,他们也许要找到印度的医院,将医院和潜在捐赠对象进行对接,并且给每个医院设立恒温箱,婴儿出生之后有了一定的基础设施,便能够降低夭折率。

得出这个结论后,这个小组去印度走访了不同的医院,有了出乎意料的发现。他们深入医院进行观察,并和医护人员探讨之后发现,这些医院都有恒温箱,最大的问题不是缺乏设备,而是所有的设备里都没有婴儿。那么,这些婴儿在哪里?

通过深度的观察和访谈,这个小组发现,问题与他们想象的相去甚远,真正的痛点是农村的婴儿根本就无法被送达这些医院,真正缺乏的是把这些婴儿从家运送到医院的设备,所以这些医院的基础设施也就闲置了。

这样一个恒温箱,设备售价高达 2 万美元,需要其他设备持续供电支持。对于大城市医院,这是习以为常的事情。然而,多数贫困地区对于这样的设施几乎没有能力承担。在那里,他们只能用加热灯、热水袋等原始的方式为早产儿保温。这种不恒温的条件,容易导致婴儿的器官发育不正常,引发各种慢性病、心脏病、精神发育迟滞,加热灯的照射还会导致许多婴儿的视力受损。

经过在乡村的进一步访谈与观察,他们发现最合适的解决方案不是给这些医院捐设备,而是做一个有基本保温功能、便于运输的睡袋,从而能够比较方便地把这些婴儿从家送到医院。基于这个创意,他们创立了一家公司,就叫作 Embrace。

他们去了贫困地区做调研,也用母婴产品做了各种测试,设计出了他们作品的原型:用人造黄油做储热层的保温袋。最后他们顺利完成了设计。后来,他们成立了非营利机构 Embrace,争取到了赞助,把总部设在印度进行实地研究。这几个一流学府的高才生,分别来自应用科学、计算机、化学等领域。在经历了无数的修改后,他们研究出了成品:保温材料用一种特殊的蜡制成,这种蜡的熔点正好是 37℃……把蜡包加热融化后,放进保温包里,在这个过程中,蜡包会逐渐凝固,在凝固的过程中缓慢放热,这个保温包,可以维持37℃整整 6 小时,如图 4-2 所示。保温包被投放到各个国家,拯救了数以万计的婴儿。

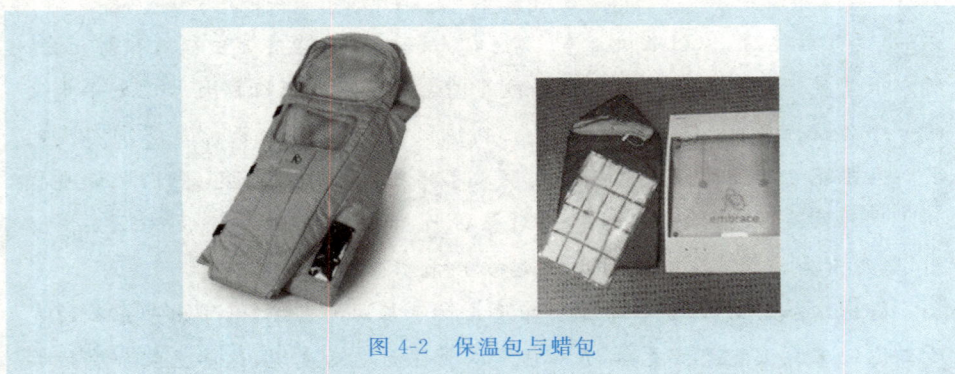

图 4-2　保温包与蜡包

　　在观察过程中，设计者不要过早地引入价值判断，而是让自己用开放、求真的心态介入参与式观察和访谈的过程，深入挖掘那些和预期不相符合的问题。在这些问题上往往可以发现用户的痛点。而且在观察过程中，不要单纯地关注用户本人的体验，还要深入挖掘用户相关利益方的体验。"同理心设计"的目的是为了满足消费者情感上的需求，希望带给消费者感动。这要求设计者以使用者的感受为中心，不仅是探讨存在的问题，而且是建立与消费者的默契，了解他们的喜好、价值观以及对这个世界的体验。

（四）问题访谈流程

　　模块三介绍了用户探索和方法，并且进行了用户访谈大纲的撰写，在此基础上还应了解客户访谈的流程。

　　在《精益创业实战》一书中，作者 Ash Maurya 开发了一款网上共享照片和视频的软件，叫作 CloudFire，我们以此为例，介绍一下用户访谈的具体流程。

1. 开场白

用简单的开场白介绍访谈的实施方法。

非常感谢您今天能抽出时间，大家一起聊一聊。

我们现在正在做一个共享照片和视频的网站，专门为家长设计。我和妻子最近刚刚升级做了父母，我发现妻子在使用现有的共享工具时很痛苦，所以就想到了这个点子。

不过，在继续深入制作我们的网站之前，我希望看看其他家长是不是也遇到过这样的问题，这样我才知道应不应该继续做下去。

我们的访谈是这样安排的。首先，我会介绍一下我们想要解决的主要问题，然后，我会征询一下大家的意见，看看各位有没有遇到过这类问题。有一点我必须讲清楚,那就是我们现在还没有成品,我们的目的只是向大家了解一下相关的情况,绝对不会向你推销任何产品。如果没有什么问题,我们就开始吧!

2. 收集统计数据

在开始之前问一些背景问题,收集一些基本数据,以划分客户群体,并确定早期接纳者的特征。

在分析各位遇到的问题之前,我希望简单地了解一下大家的背景信息:

你有几个孩子?

你的孩子多大?

你会不会在网上分享照片?

你会不会在网上分享视频?

是不是经常分享?

一般都和谁分享?

3. 讲故事

把最重要的问题融合在故事里讲出来。

好的,谢谢。现在我来说说我们想要解决的具体问题。

大家有了孩子之后,会发现拍照比以前多了,特别是视频,更是比以前多很多。我们的父母辈以及其他亲人每隔一段时间(比如每周)就会要求我们分享孩子的新照片和视频。不过,我们却发现想要定期分享这些东西很麻烦,因为太耗时,有时候还会搞得人很头痛。

我们必须要整理好图像文件,调整图像大小,上传过程中还得照顾孩子。视频就更麻烦了,因为常常需要把视频转换成网站要求的格式。

大部分家长睡眠都严重不足,有孩子之后空闲时间就更少了。更何况即使有时间,我们也会把时间留给孩子,而不是花在没有意义的事情上。你是不是也被同样的问题所困扰呢?

4. 问题评级

描述三个最让人头疼的问题,然后请大家给这些问题排个序。具体说来,下面这三个问题尤其伤脑筋。

(1) 有了孩子之后,照片和视频是不是比以前增加了很多?

(2) 你有没有觉得分享照片和视频很麻烦?

(3) 很多家长都觉得时间不够用,你有没有这种感觉?

另外,这方面你是否有什么其他的烦恼呢?

应该经常打乱这些问题的顺序,尽量避免受访者产生任何倾向。

5. 探索客户的世界观

这是访谈的核心部分。此处"没有大纲"就是最好的大纲。在这个部分，应该把问题逐个过一遍。问问受访者现在是怎么解决这些问题的，倾听他们的想法。

尽量让他们讲得详细一些。在他们回答之后，如果还有想要深入了解的问题，则应该继续跟进发问，但是注意不要引导对方的回答，也不要跟他们说这个问题有多么严重（或者宣传自己的解决方案有多么好）。

除了语言之外，还应该通过观察他们的肢体语言和声音判断他们对这个问题的评价是"很重要""还可以"还是"不重要"。

如果在这个过程中，对方提出了新的问题，便用同样的办法再过一遍。

（1）你现在是如何分享照片和视频的呢？

（2）能不能跟我详细说说现在分享照片和视频的步骤？

（3）你现在使用的分享工具是什么？你是怎么知道这个工具的？分享流程是什么样的？

这个部分的访谈至关重要，因为它不仅可以让我们了解问题，而且可以初步确定潜在客户对于问题的评价。有时候受访者会不自觉地在问题评价上撒谎，这可能是因为他们顾及访问者的面子，也可能他们根本就没碰到过这个问题。对此，访问者应该把好关，如果他们说某个问题"很重要"，但却不去积极主动地寻求解决方案，很明显这就是矛盾的。

6. 总结

所有用来验证假设的问题都问完了。虽然此时还无法跟这些受访者细谈产品的解决方案，但必须要给他们一点盼头。现在就很适合做高调推介了，不仅可以简单概括地跟受访者介绍解决方案，还可以给他们留下一段印象深刻的短小介绍材料，方便他们帮助传播、扩散。然后，要在征询受访者同意后继续保持联络，与受访者建立起一个持续的反馈渠道。最后，还要请大家推荐其他人接受访谈。

我开始的时候曾说过，这个产品现在还没做完，不过，我们的产品将会大大地简化家长们在网上分享照片和视频的步骤。简单地说，就是"无须上传的Smugmug"。（可以把 Smugmug 换成受访者现在使用的其他产品。）

今天我们已经谈了很多了，那么，如果我们的产品做出来，您愿不愿意来看看呢？

另外，我们希望能找更多的人来做访谈。您能否为我们再推荐一些家长？

7. 记录结果

趁热打铁，花 5 分钟把访谈的结果记录下来。最好做一个表单，这样就可以把需要验证的假设与对应的访谈结果迅速记录下来。应该尽量找一个人一起做访谈，这样才能得到客观的结果。

8. 反思自己提过的问题

现在我们来讨论一下如何解读访谈结果，改善访谈大纲，以及如何确定什么时候可以进行下一步。

反思一下每周的访谈结果。如果访谈安排足够紧凑，每周应该可以访谈 10～15 个人。在这一周的时间里，暂时不要修改大纲。在每周结束的时候，讨论本周的访谈结果，总结学到的东西，然后再根据情况修改。

具体如何修改取决于需要验证的假设类型和受访者的反馈情况。在这个过程中不断调整访谈大纲和目标客户群体，逐渐使每批新的访谈都能得到比之前更强烈、更统一的客户共鸣。

逐步锁定早期接纳者。看看哪部分人群的共鸣更强烈（即受问题影响最大）。同时，放弃那些没什么共鸣的人群。

改进问题。如果所有人都给出了"不重要"的反馈，就应把这个问题从大纲中删去。如果发现一个新的"很重要"的问题，则把它加到大纲里。最终目标是把产品精简到只针对某一个"很重要"的问题——这也将成为产品的独特卖点。

深刻认识现有解决方案。只有深入研究早期接纳者的现有解决方案，才能设计出适合他们的产品。早期接纳者会拿他们正在使用的解决方案来和新产品的定价、定位等作对比。如果他们目前的解决方案是完全免费的，那么新产品就必须展示出足够大的价值，才能说服客户放弃免费的解决方案来选择新产品。

留意客户的措辞。要想写好独特卖点，抓住真正的关键词，就必须仔细留意客户用什么样的语言描述他们现在使用的流程。

找出渠道接触早期接纳者。在了解早期接纳者大概是哪个群体后，应该思考用什么渠道才能接触到这类群体。

深度用户访谈是确定用户真需求与伪需求的重要手段，那么我们如何识别真伪需求呢？

（五）真需求和伪需求

做产品绕不开"需求"二字。很多产品从 0 到 1 需要团队付出很多努力，但如果在把握用户需求的时候出了错误，再好的团队、再强的执行力、再厉害的技术也阻止不了项目的失败。所以,分辨用户需求就成了产品的关键。

需求有"真需求",也有"伪需求","真需求"可以实现用户的强关联,从而实现产品的稳定增长,而"伪需求"要么无法获得用户,要么昙花一现。例如,魔漫相机、超级课程表这类曾经的"现象级"产品,在短暂的疯狂后迅速被用户抛弃,其实都是因为没有正确识别用户需求。

1. 黄金圈法则

"黄金圈法则"是西蒙·斯涅克在《从为什么开始》中提出的一种思维方法。

他用三个同心圆来描述人的思维模式,黄金圈从外到内依次是:做什么(What)、怎么做(How)以及为什么(Why),如图 4-3 所示。

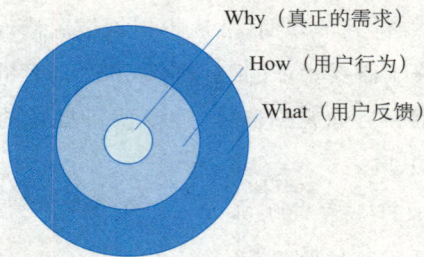

Why（真正的需求）
How（用户行为）
What（用户反馈）

图 4-3　分辨用户需求的"黄金圈"模型

（1）思维模式处在最外层的人,他们知道自己想要做什么,但很少去思考怎么做才更好。

（2）处在中间层的人知道如何更好地去完成任务和目标,却很少思考做这件事情的原因。

（3）而处在最中心圈的人则是以"为什么"为出发点,他们拥有内在动机,能够实现自我激励,而只有这样的人才能成为伟大的领导者,才能激励和影响到身边的人。

黄金圈思维可以让人们透过事物的现象,看到事物的本质,从而做出最佳决策。它不仅可以用于自我激励和成长,同时也可以应用于营销、管理与沟通等领域,而我们今天重点讨论如何用它识别真需求及伪需求。

2. 分辨用户需求的"黄金圈"模型

What(用户反馈)、How(用户行为)、Why(真正的需求)。

（1）用户直接表达的需求是 What,比如通过问卷调查或者买家评价与反馈所收集到的信息等。

（2）用户表现出来的需求是 How,即用户在使用产品、选择产品时的动作和结果,它可以对用户的需求进行行动表达上的证伪。

（3）用户内心真正的需求是 Why，即用户一系列动作背后的原因，为什么要使用该产品而不使用其他产品等。

通过这三个层面，我们可以发现需求、验证需求，进一步挖掘需求，最终识别出用户真正的消费动机，从而找到有效的解决方案。这三个步骤形成了一个"需求验证漏斗"，如图 4-4 所示。

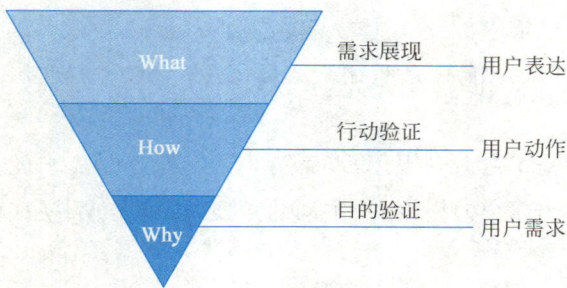

图 4-4　需求验证漏斗

3. 在 What 层发现需求

What 层面是用户评价和用户痛点，它可以帮助"发现可能的机会"，但这个机会不一定会形成需求。

例如，在做零售产品创新时，可以直接去淘宝看同类产品的买家评价，尤其是差评，那些就是等待解决的"痛点"。

又如，身边的朋友都抱怨淘宝上买东西经常要找好半天，找不到自己喜欢的，产品多、筛选难；隔壁养金毛狗的女孩经常抱怨狗粮太重，快递又不送上楼；减肥成功的男士原来的衣服都不合身了。这些我们平时很容易发现的抱怨类的信息，就是用户使用产品过程中的痛点，都有可能成为新产品的机会。

发现机会，并不代表我们要立刻寻求解决方案，因为需求可能只是伪需求，或者根本就不具备任何可行性。

（1）需求本身是"伪需求"

用户对问题表述"错误"或者缺乏对解决方案的"想象力"。就像乔布斯说的那样："不要问客户他需要什么，因为他们根本不知道。"在平板电脑出来之前，用户并不知道自己需要一台没有键盘的计算机。

（2）项目不具备可行性

消费人群不够大，对这类"硬造性场景"感兴趣的都是小众，无法落实到真实的大众生活中，产品无法扎根。例如，某些 O2O 上门服务往往是伪需求，上门洗车、上门美容都属于这一类：消费频次太低，而且家对多数人来说，是个非常私密的地方，并不希望陌生人到访。

4. 观察 How 验证需求

对于 What 层面呈现出的"需求"，我们不能马上为它寻求解决方案，而是要通过 How 进行进一步验证。How 就是"用户行为"。用户反馈可以说谎，但行动不会。例如，上文提到的"魔漫相机"，在采访用户时，可能很多人会说他非常喜欢这个应用，但实际上他们玩一次之后就把它抛弃了，因为用户只是在跟风，本身根本没有这个需求。

因此，判断需求不能只是听用户怎么说（What），一定要通过看他怎么做（How）来验证。

那么如果验证了之后发现用户"言行不一"，是不是需求就不存在了呢？也不是。我们要跳出用户的思维，从主动的角度，也就是 Why 这个角度挖掘用户的真正需求，开发解决方案。

5. 在 Why 层挖掘真实需求

Why 是用户反馈及用户行动背后的原因，找到这个原因，才能最终验证需求是否是真需求，确定用户是否会为解决方案买单。

例如，"小岛居民的鞋子"中便体现了这三个层面。小岛居民的鞋子很容易进沙子，这就是一个痛点，也就是 What 层面的需求。如果要解决这一痛点，是不是就提倡大家不穿鞋呢？这要从 How 这个层面来判断，也就是用户如何表现。事实上，虽然鞋里经常进沙子，大家依然在穿鞋。经过调查发现，沙滩里面有很多碎贝壳，不穿鞋会划伤脚，所以，"不能划伤脚"比起"进沙子"的需求显然更为迫切。因此，用户的真实需求是"舒适地在沙滩上行走"，那么解决方案不是提倡大家"不穿鞋"，而是提供一双舒适的、不会积沙的鞋子。

有一个真实的案例：安妮是个喜欢喝奶茶的女孩，几乎每天都要喝一杯。某天在和同事讨论奶茶的时候，她们开始吐槽奶茶的各种不好，尤其是"不健康"。奶茶的主要成分是植脂末和茶粉、淀粉，不仅不健康，而且容易使人长胖。安妮上网搜索了一下相关信息，发现很多买家都对奶茶的不健康有所担心。于是，安妮决定开家店铺，专门做"健康的奶茶"。但实际上她的店铺开张后生意非常冷清，除了一开始有些熟人会过去捧场，大多数时间店里都是门可罗雀。

安妮的奶茶确实做到了健康，完全用纯牛奶和新鲜的茶叶冲泡，糖都是用的上等的果糖。但为什么大家现在反而不喝呢？因为"需求"把握错误。消费者在抱怨奶茶不健康的时候，不是想要健康的奶茶，而是想要在口味不变、价格不变、包装漂亮、环境舒适的情况下，更为健康的奶茶。

如果再向 Why 层面探索，就会发现问题的实质。为什么大家要喝奶茶，如果想要追求健康，为什么不是果汁、酸奶、牛奶、咖啡？因为奶茶好喝，口感丰富、有层次、有趣味，这是其他饮品无法比拟的。

到此为止，我们会发现，用户的真实需求其实是"好喝而有趣的饮料"。对于大多数饮食类产品，口味绝对是第一位的，牺牲口味而满足用户的其他需求一概是伪需求。

由此可见，由发现需求到验证需求，需要经历 How 层面的直接验证，同时追索到 Why 层面进行分析，才能最终确认。

（六）验证解决方案

在确定了用户的真需求之后，我们就要挖掘产品的价值，为用户提供问题的解决方案。

最初所想的问题没有经过验证和测试，在经过几次客户访谈之后可能会重新为这些问题排主次，甚至把问题换掉，这都是很正常的。因此，不要忙着确定详细的解决方案，而是应该粗略地想想，针对每个问题，自己能提供的最简单的解决方案是什么，把它们写下来。

解决方案就是针对目标客户群存在的问题的具体解决方案，是为了满足用户的需求而来的，能够帮助用户真正解决问题，而且用户愿意为此付出时间和金钱的产品或服务。

在正式产品面世之前，应该做一个演示品，以便验证解决方案。演示品是任何可以有效代替实际产品的东西。使用演示品验证是因为完成一个完整解决方案非常耗时，而且如果做错了或者设置了没必要的功能，还会导致浪费。创新目标是做一个刚刚够用的解决方案（可以用效果图、原型产品等），然后拿给客户试用，获取反馈信息，并改进最简可行产品（MVP）[①]。如果产品是软件，那么就可以用模型和视频做演示品；如果是实体产品，那可以用草图、CAD 模型，甚至可以用橡皮泥和 3D 打印机迅速制作原型。

在展示演示品后，应继续进行用户访谈，虽然在这个阶段会使用很多诱导技巧，让他人觉得很像是在做推介，但其目的仍然是学习。在做解决方案访谈的时候，每个阶段都有一个明确的假设作为基础，并不断评估客户的反应。如果在访谈的过程中发现客户的行为和预期不符，就应该停下来，仔细研究原因，这可能是定位错了，或者目标客户错了等。

---

① 最简可行产品（MVP）是指用最快、最简明的方式建立一个可用的产品原型，这个原型要表达出产品最终想要的效果，然后通过迭代来完善细节。

　　用户访谈的思路与之前讲到的"用户访谈流程"相仿，在这一阶段的用户访谈中，我们要思考是否找到了值得解决的问题。

1. 反思每周的访谈结果

　　和之前的访谈一样，应该在多次访谈结束之后反复修改大纲。

2. 增加和删除功能

　　如果客户希望增加新功能或者改进用户体验，则应该分析有没有足够的理由支持这样的改变。同理，也要删除那些没有意义的功能。

3. 验证之前的假设

　　如果问题访谈反响强烈，那么解决方案访谈也不会有悬念——之前的假设应该能够得到很好的验证。如果验证失败，那就应该重新审视之前做的假设，根据情况进行修改，再进行验证，直到验证成功为止。

4. 调整价格

　　如果已设定的价格没有遭遇任何阻力，那就应该试着稍微提高一点。在定价时可以参考客户目前使用的解决方案，如果他们现在的解决方案是免费的，便要考虑自己的产品能不能体现足够的价值，让客户放弃免费的解决方案来选择付费方案。另外，把各种信息之间的规律找出来，包括哪些人更像是早期接纳者？他们愿意接受什么样的价格？如果使用这个价格，公司能不能生存和发展？

　　在验证用户探索阶段获取的认知过程中，要重点关注解决方案和用户痛点的匹配度。成功的解决方案需要与用户痛点高度吻合，总体来看，验证过程其实就是匹配的过程。然而，这二者永远无法实现百分之百的吻合，所以在用户验证的过程中，只有通过不断地迭代，才能实现向真实的用户痛点、有效的解决方案不断逼近。在用户验证的过程中，常用到一种工具，叫 MVP，即最小可行性产品。关于 MVP 的具体内容，将在后续章节中介绍。

三、创业实践——深度用户访谈模拟

（一）实验目的

帮助学生理解确定用户真需求和伪需求的方法，理解同理心原则。

（二）课前准备

（1）项目化教室，可容纳 6～8 组。

（2）A4 白纸、多色马克笔。

（3）精益创业画布。

（4）建议用时 60 分钟。

（三）实验内容

（1）总结上节课同学们用户访谈的结果。

（2）根据用户画像，选择有代表性的进行深度访谈模拟展示。

（3）根据用户的深度访谈和观察，绘制同理心画像（移情图），见附录一。

（4）结合上节课确定的用户需求，思考真需求和伪需求，更新画布。

（5）根据用户需求和产品（服务）优势，完成独特卖点的设计。

（四）总结与反思

每组选择的访谈模拟对象是否具有代表性，结合用户移情图对项目进行再次迭代，完成画布。

四、自我反思

（1）创业过程中需要同理心，那么其他方面呢？如与父母相处、与同学和老师相处、与对面的队友相处，请谈谈你的想法与感受。

（2）在挖掘独特卖点的过程中，是否存在困难？你们是怎么解决的？

（3）在用户访谈时、深度观察绘制移情图时，都需要与用户进行面对面的交流，需要收集、统计、分析数据，在这个过程中，你觉得自己的哪些能力得到了提升？在与人交往的过程中，应遵循什么原则呢？

在本次活动中，请根据本小组的积极性、参与度、思维发散性等进行评价，满分 10 分。你觉得小组应该得多少分？

你觉得自己在本次活动中贡献了多少工作，以百分数计。

自评小组得分（满分 10 分）：＿＿＿＿＿＿＿＿＿＿。

自评个人贡献率（100％）：＿＿＿＿＿＿＿＿＿＿。

五、思维训练

有位医学院教授在上课的第一天对学生说："当医生，最要紧的就是胆大心细！"说完，便将一只手指伸进桌子上一只盛满尿液的杯子里，接着再把手指放进自己的嘴中吮吸。学生们惊异地看着教授，没想到，教授随后将那只杯子递给一个学生，让每个学生照着他的做法来做。学生们忍着呕吐，像教授一样把手指伸进尿液，然后塞进嘴里。教授看着学生的狼狈样子很得意，最后他微笑着说："哈哈，不错，不错，你们每个人都够胆大的。"不一会儿，教授又神色郑重地说："只可惜你们看得不够细心，没有注意我探入尿杯的是食指，放进嘴里的却是中指啊！"

练一练

观察力评估。

1. 进入某个单位时，你（　　　）。

    A. 注意用具的准确位置　　　　B. 观察墙上挂着什么

    C. 注意桌椅的摆放

2. 与人相遇时，你（　　　）。

    A. 悄悄地从头到脚打量一番　　B. 只看他的脸

    C. 只注意他脸上的个别部位

3. 你从自己看过的风景中记住了（　　　）。

    A. 色调　　　　　　　　　　　B. 天空

    C. 当时浮现在你心里的感受

4. 早晨醒来后，你（　　　）。

    A. 马上想起来应该做什么　　　B. 思考昨天都发生了什么

    C. 想起梦见了什么

5. 当你坐上公共汽车时，你（　　　）。

    A. 与离你最近的人搭话　　　　B. 看看谁站在旁边

    C. 谁也不看

6. 在大街上，你（　　　）。

    A. 观察行人　　　　　　　　　B. 观察来往的车辆

    C. 观察房子的正面

7. 当你看橱窗时,你(　　)。

　　A. 注意观察每一件东西　　　　B. 也看看此时不需要的东西

　　C. 只关心对自己有用的东西

8. 如果你在家里需要找物品,你(　　)。

　　A. 聚焦在物品可能放的地方　　B. 到处寻找

　　C. 请别人帮忙找

9. 看到你的亲戚朋友过去的照片,你(　　)。

　　A. 尽量了解照片上都是谁　　　B. 激动

　　C. 觉得可笑

10. 假如有人建议你去参加你不会的游戏,你(　　)。

　　A. 试图学会玩并且想赢　　　　B. 借口过一段时间再玩而拒绝

　　C. 直言你不玩

11. 你在公园里等一个人,于是你(　　)。

　　A. 仔细观察旁边的人　　　　　B. 看报纸

　　C. 想某事

12. 在满天繁星的夜晚,你(　　)。

　　A. 努力观察星座　　　　　　　B. 只是一味地看天空

　　C. 什么也不看

13. 你放下正在读的书时,总是(　　)。

　　A. 用铅笔标出读到什么地方　　B. 放个书签

　　C. 相信自己的记忆力

14. 你记住领导的(　　)。

　　A. 外貌　　　　　　　　　　　B. 姓名

　　C. 什么也没记住

15. 你在摆好的餐桌前(　　)。

　　A. 看看人们是否都到齐了　　　B. 看看椅子是否放在合适位置

　　C. 赞扬它的精美之处

以上问题,选 A 得 10 分,选 B 得 5 分,选 C 得 3 分。根据选项得分,计算总分,结果分析在本书中找。

回文诗：静思伊久阻归期，久阻归期忆别离。
　　　　　忆别离时闻漏转，时闻漏转静思伊。

课堂实施指导画布——众里寻他 量入"计"出

1. 知识要点
(1) 渠道
(2) 收入
(3) 支出

2. 前课回顾
(1) 独特卖点的设计
(2) 应用同理心进行用户访谈

3. 课堂目标
(1) 了解收入与支出的成本构成
(2) 尝试开发吸引客户的渠道
(3) 理解财务在创业中的地位

4. 教学资源
(1) 在线学习平台
(2) 精益创业学习手册
(3) A4 白纸
(4) 水彩笔
(5) 精益创业画布挂图

5. 课堂组织
(1) 每组收集目前市场产品的客户渠道
(2) 教师梳理与讲解

6. 考核要点
(1) 学生出勤
(2) 画布迭代情况

7. 效果反馈
完成精益创业画布⑤⑥⑦模块的迭代

模块五　众里寻他　量入"计"出

精益画布的
优点

回顾与思考

1. 精益创业画布与商业模式画布有什么异同点？为什么说精益创业画布更适合初期创业者？

2. 下列不属于精益创业画布内容的是(　　)。

　　A. 门槛优势　　　　　　　　　　B. 客户群体分类

　　C. 合作伙伴　　　　　　　　　　D. 独特卖点

3. 精益创业只适用于互联网创业(　　)。

　　A. 是　　　　　　　　　　　　　B. 否

4. 创业公司最大的浪费是(　　)。

　　A. 花了广告费没有效果　　　　　B. 做的东西没人需要

　　C. 员工上班时间刷微信　　　　　D. 场地租大了

5. 如何有效判断问题是用户的真需求还是伪需求？

一、脑洞大开

(1) 你觉得下列哪些是创业的成本呢？

房租 ☐　　　　　员工工资 ☐　　　　　水电费 ☐

网络费 ☐　　　　办公用品消耗 ☐　　　　沟通的成本 ☐

团队的磨合 ☐　　创始人的错误决定 ☐

员工培训 ☐　　　员工能力差造成返工 ☐

(2) 在第一题的基础上，你还能想到哪些创业成本？

(3) 你觉得大学生创业启动资金多少比较合适？

(4) 在资金不足的情况下，我们有哪些方法可以解决？

(5) 你想过如何获得你的第一个用户了吗？

二、理论指导

案例

第一批用户从哪里来

QQ、微信、淘宝……那些成功 App 的第一批用户都是怎么来的？

在做产品时，首先要彻底弄清楚产品定位，这样在获取第一批用户的过程中才能不出现大的偏差。

任何一家成功的公司都有一段曾经艰苦的过去，任何一个成功的 App 都有一个从 0 到 1 的过程，正是因为它能成功地实现零的突破，才有后面那千千万万的用户裂变。而那些成功的 App 是如何实现用户从 0 到 1 的突破，又是如何获取到他们的第一批用户的呢？

QQ 作为国内最老的软件、"腾讯帝国"两大社交支柱之一，有人曾评价其说："腾讯的上半场靠 QQ，下半场靠微信。"可见 QQ 在"腾讯帝国"的地位。正是 QQ 的巨大成功，才有后面一系列的腾讯产品靠着 QQ 庞大的用户数轻而易举地就获得用户，并"发光发热"。而作为腾讯曾经的"用户输出基地"，QQ 的第一批用户又是从哪里来的呢？

回到中国互联网的"上古时代"——1999 年，那个年代计算机价格昂贵，普及率不高，拨号上网也贵，所以绝大部分人上网都是去网吧。当时上网最流行的不是玩什么游戏，而是在同城聊天室里和不同的人聊天。这种同城公共聊天室有一个很大的缺点就是无法建立点对点的个人联系，并且网友都是生活在当地的人，极大地限制了网友们的热情。所以，当突然有一天有人在聊天室里问"你有网络寻呼机吗？加我×××××？"没错，"网络寻呼机"就是 QQ，当时还叫 OICQ。就是这样，QQ 成功地从聊天室获取了一些同城聊天室里的用户。

此外，当时的计算机软件杂志和报纸上面都有 OICQ 的介绍和下载说明，这也为 OICQ 导入了一部分用户；另外，网吧预装也是一个重要的用户来源渠道，当时基本上每个网吧的桌面上都放着一个 OICQ 的图标，如果你不会使用，老板还会过来手把手教你怎么用。

百度最开始是给搜狐、新浪等门户网站做搜索服务的，2000 年互联网泡沫爆发时，各大科技公司都面临着巨大经济压力，纷纷减少各项不必要的支出，其中就包括网站内搜索服务。后来百度独立做搜索时，早已体验过搜狐、新浪的用户有一部分就自然跟过来了。

阿里巴巴早期业务是推广网络黄页，最早的一批用户便是通过电话黄页和上门拜访一个一个谈出来的，这应该算是互联网最早的"电话营销"了，当然，这也为阿里锻炼出了一支能打硬战、打胜仗的"中供铁军"。淘宝最初的一批用户是靠当时和各大中小站长合作，各大中小网站给淘宝导流导出来的。

微信的第一批用户是从 QQ 邮箱导过来的，当时的微信在腾讯内部并不被看好，并且有来自手机 QQ 的压力，几乎没有获得任何的流量支持。无奈之下，张小龙将微信的下载地址放在了当时他负责的 QQ 邮箱首页上，通过 QQ 邮箱的导流为微信引来了第一批用户。

　　小米手机对"米粉"的运营一直被各大互联网公司模仿和学习。第一批小米手机的"米粉"其实是从 MIUI 论坛里面发展过来的。当时做手机系统（MIUI）的时候，黎万强几乎每天都泡在论坛上灌水讨论，并且要求手下的工程师每天要回复 150 个帖子，每个帖子后面会有一个相应的状态来显示这个解决问题工程师的 ID 和建议被采纳的程度。此外，除了老板和员工的亲力亲为，小米还会时不时做一些"米粉同城会"的线下活动，邀请一些用户到现场来与工程师当面交流，参与了 MIUI 的设计、研发、反馈等。这些举措极大地增加了用户的参与感和黏性，所以当第一代小米手机 M1 发布时，从 MIUI"闻风而来的"米粉将 M1 一抢而空，并形成用户裂变。

　　Keep 在项目启动阶段，通过"埋雷"成功地把 Keep 推向了高峰。Keep 的创始人王宁带领几个运营人员在知乎、豆瓣、贴吧、微信群和 QQ 群等几乎一切能利用的渠道上发帖、回帖、讨论，由于内容质量高，吸引了很多运动和减肥爱好者的关注，渐渐地成为这些渠道里面的"意见领袖"，有了一定的话语权和影响力，当 Keep 上线时，这些所有的意见领袖号和帖子同时推荐 Keep，Keep 在目标用户群体中一下子火了。除了"埋雷"之外，王宁他们招募了一批 4 000 多人的内测用户，王宁曾这样说："这 4 000 多个注册用户，像核武器一样，迅速爆发推广。这 4 000 内测核心用户加上我们在新媒体里面埋的雷，两股力量一起往前推进就走到了今天。"

　　小红书的第一批用户来自于微信公众号的导流。当时他们在公众号上发了一些爆款文章，然后在公众号设置回复机制，关注公众号回复×××即可获取×××攻略等。此外，小红书还在当时的出入境管理局和排队的女性一对一地"闲聊推荐"，用购物攻略来吸引这些目标用户们关注公众号。到了 2013 年 9 月和 10 月，小红书的 PC 版和 App 上线后，直接将公众号上的小红书粉丝导入 App，这就是小红书第一批用户的来源。

　　其他 App 获得第一批用户的方式如下。

　　滴滴打车：B 端地推出租车师傅，C 端线上"烧钱"做活动。

　　课程格子：获取课程信息，深入校园进行地推。

　　今日头条：手机预装、手机应用商店推荐。

　　脸萌：应用商店推荐位，鼓励分享得到口碑传播。

　　知乎：创始人的科技圈朋友。

　　新浪微博：高价请明星大 V 入驻。

　　虎嗅：传媒圈内积累种子用户。

　　……

在做产品之前,首先就应该对自己的产品用户有一个基本的认知,比如我这个产品定位是什么?准备解决哪些痛点和需求?目标用户是哪些?这群用户的特点是什么?一般在哪里经常出现?有了这个最基本的认知,我们获取用户的时候才不会出现偏差。

(一)获取用户渠道的方法

1. 先要了解你的产品特点

不同的产品适用的用户获取渠道。

- 面向对象:消费者、企业……
- 产品形态:移动应用、SaaS 软件……
- 所在行业:社交、游戏、金融……
- 盈利模式:免费、广告、月费……

2. 了解你的用户群体

只有充分了解你的用户群体,才能知道最可能在哪些渠道上找到他们。他们是怎样的一个群体?每天的生活节奏是怎样的?在什么时间做什么事情?他们的共同习惯或者共同爱好是什么?他们都喜欢用哪类产品?……

3. 列出可能备选的渠道

(1)付费渠道是指通过付费广告获取用户的渠道,包括小众发布平台、社交和显示广告、线下广告、搜索引擎推广、联盟、会展等。

(2)有机渠道是指那些不需要直接花广告费用的获客渠道,包括搜索引擎优化、内容营销、邮件营销、程序化营销、社区、病毒传播等。

(3)其他渠道还包括公关、已有平台合作、演讲机会、商务拓展、线下活动、销售等。

4. 筛选最初的获客渠道

结合产品和用户的特点,找出一些潜力最大的首选渠道。

(1)大体量的渠道优先。

(2)免费或者便宜的渠道优先。

(3)可追踪的渠道优先。

(4)可以精准定位目标用户群体的渠道优先。

(5)可以随时开始、随时结束的渠道优先。

另外,还需要通过测试了解哪个渠道用户获取成本(CAC)最低,哪个渠道获取用户留存的时间最长、LTV 最高(短期内可通过激活比例高和付费比例高来模拟）。

5. 运营、优化和拓展用户获取渠道

找到合适的用户获取渠道后，接下来要做下面几件事情。

（1）制定新用户获取目标。

（2）决定市场预算的分配和进行渠道的日常运营。

（3）通过广告设计测试和用户定位测试，优化已有渠道的表现。

（4）不断探索和发现新的用户获取渠道。

创业公司的第一任务是学习，而不是扩张，所以，刚开始的时候，任何能把产品推给潜在用户的渠道都可以利用。

只要按照"客户访谈"的流程来做，你就肯定能在初期建立起一个能够招到足够多客户的渠道。不过，如果你的商业模式需要大量的客户才能成功，那么这样的渠道建设方法肯定跟不上扩张的脚步，而且后期你很可能会卡在这个问题上。所以说，从一开始就考虑好渠道的扩张问题同样非常重要，这样你就能尽早把渠道建立起来，然后进行测试。

虽说渠道有无数种，但是有些渠道可能根本就不适合你的公司，而有的则可能在后期才能发挥作用。在选择早期渠道的时候，一般需要考虑下面这些问题。

（二）获取渠道应注意的几点

1. 免费与付费

首先你要知道，没有什么渠道是真正免费的。我们感觉有些渠道是免费的，比如一些社交媒体或者博客等，但是这些渠道是需要花费人力资本的。这些渠道的投资回报率不好计算，因为和那些需要付费的渠道不同，这些渠道会一直存在，一直起作用。SEM(search engine marketing，搜索引擎营销)是一种常见的付费通道。埃里克·莱斯在他的书中提到他曾为自己的早期产品在 Google Ad Words 广告服务上每天花费 5 美元，差不多每天可以带来 100 次点击，每次点击的花费是 5 美分。如果觉得这个可行，你也可以这么做，不过对大部分产品来说，这条路已经走不通了，现在，关键词广告的竞争已经达到了白热化程度，要想胜过竞争者，你要么多花钱，要么出奇制胜。但是，这些招数并不适合现在使用，最好等到产品和市场达到契合之后再用，因为那时候你的重心不再是学习，而是改良。

2. 内联与外联

内联式渠道，是使用拉式策略让客户自然而然地找到你。而外联式渠道，则主要是使用"推式策略"让产品"接触"客户。

内联式渠道包括博客、电子书、白皮书、网络讲堂等。

外联式渠道包括传统传媒或电视广告、展销会、直接打电话。

如果你的独特卖点还没有经过市场检验，就没必要在外联式渠道上花钱进行宣传。你应该尽量用内联式渠道来吸引那些早期接纳者。访谈虽然属于外联式渠道，但是你应该试试。访谈能让你用很低的成本学到很多东西。

3. 亲力亲为与自动化

你可以把直销看成扩张渠道。不过，只有在客户生命周期总价值超过直销人员总薪酬的时候，这种渠道才有用，如某些 B2B 或者企业级产品。当然，你还可以把它看成学习渠道。直销是最有效的学习手段之一，因为你可以面对面与客户交流。

最好的方法是：先亲力亲为地进行推销，然后再自动化。

4. 亲力亲为与他人代为

创业公司经常浪费精力过早地寻求建立战略合作伙伴关系。他们的初衷是和一家大公司合作，借用对方的渠道和信誉上位。但是，如果没有切实可行的产品，你又怎么能得到大公司销售代表的青睐呢？你可以换位思考一下，假设你是大公司的销售代表，而且有销售任务。你是愿意销售自己了解的产品呢，还是愿意销售未经市场验证的产品？

外聘销售人员也是同样的道理。销售人员执行销售计划的能力也许比你强，但他们却不能替你制订销售计划。你必须先亲自上阵销售你的产品，然后才能让别人来帮你销售。

5. 做口碑之前先留住客户

有很多创业公司从一开始就热衷于口碑营销或者发展推介人。虽然口碑营销是一种很有效的产品宣传手段，但你必须先做一个值得让人宣传的产品。

（三）用户获取成本

常见的获取用户渠道有以下几种。

- 传播：通常有用户间的自发传播和运营推动的活动营销传播。
- 推广：包括但不限于应用市场、广告投放、SEM/SEO、ASO 等。
- 线下地推：因 O2O 发展起来，推广效果参差不齐。具体要看用户的属性，比如移动医疗的医院医生，比如校园的学生群体，都具备地域聚合属性。早在 O2O 暴发前，在校园里常常可以看到外卖订餐小广告，在"六级包过""代点名"中鹤立鸡群。那时候还没有 App，有的是订餐网站。

那时候的地推也叫"校园大使"。该产品早期就是通过在校园辐射了足够多的用户后，进而火遍全国。

- 新媒体：微博、微信、直播等都是新媒体。
- 其他渠道：流量置换，商务合作也可以新增用户。

例如，当人们在外卖上点了一份沙拉，收到沙拉后发觉还有一张附近健身房的宣传单页。不得不为老板鼓掌。因为点沙拉的人群与健身人群有天然的重合属性。

如果你是一款宠物 App 的运营人员，在所有运营渠道都使尽了浑身解数，不如尝试和淘宝的宠物商家合作，在每份快递中加入产品宣传单页。

随着移动互联网流量红利期的结束，获取一个新用户的成本已经大大超出以往，甚至高到一家创业公司无法承受的地步。金融领域的创业公司为了获得一位投资用户，甚至会支出四位数的获客成本。

我们看一下这个案例：在某公司，突然一张图片在公司群里炸开。那是一大箱水蜜桃味的饮料，原来一家外卖 O2O 公司到公司来邀请注册。扫一扫关注微信二维码就能拿一瓶饮料，首单也有优惠。

外卖公司派出了两个员工逐一攻破，一个产品经理负责推销和收集用户反馈。还有一个阿姨式员工对用户"撒播母爱的光辉"。

简单估算了一下获取关注的成本。

两个外卖员工按实习生算 $150 \times 2 = 300$（元/天）。阿姨算 200 元/天。产品经理因为不是全职负责地推，不算进成本。饮料算 2 元/瓶。

这家外卖公司花了中午两个小时"扫"了整个楼。假设中午午饭期间"扫楼"最方便，公司大概 30 人领取，预计全天能新增 100 人关注。

那么用户的微信关注成本：

$$（地推人力成本＋饮料成本）\div 100 = 7（元/人）$$

所以，什么是用户获取成本，就是获取每一个新增用户所花费的开销。

简单地说：

$$获客成本 = 新增用户的总投入 \div 新增用户总数$$

新用户会从各种渠道了解和注册产品，朋友圈分享、广告投放、应用商店、搜索引擎优化（SEO）等。不同渠道的投入产出如表 5-1 所示。

表 5-1　不同渠道的获客成本

渠　　道	新增用户量/人	成本/元	获客成本/(元/人)
A 应用商店	2 000	80 000	40

渠　　　道	新增用户量/人	成本/元	获客成本/(元/人)
B 应用商店	1 500	45 000	30
广告投放	2 000	100 000	50
朋友圈分享	500	5 000	10

　　从上面的数据中,我们发现广告投放性价比最低,而朋友圈的分享虽然带来的用户少,但是成本也低。运营和产品可以针对分享机制优化,让更多用户参与分享。

　　统计不同渠道的获客成本,这是第一步,我们不仅需要新用户注册,还要新用户留下来使用。

　　如果使用产品的不是目标用户,那么再多的注册数也毫无意义,这会是一个虚荣指标。

👥 **案例**

App 软件获取用户渠道分享

1. 新用户直接来源

　　一个全新的产品如果想打开市场,或者一个老产品想要增加新用户,必然会寻找 App 用户多的应用或者通过某种活动刺激,引导用户下载 App 作为用户,下载 App 最重要的渠道就是 App 商店、积分墙和二维码,以下分别介绍。

　　App 商店的比重比较大。用户不管是从别人那里听到的,还是根据自己的需求去搜索的,最终大多都会在各大 App 的商店中下载。但是,App 商店种类繁多,基本上每个手机都装有各种 App 应用商店,因此,手机销量便是选择应用商店的重要依据之一。如苹果应用商店、小米应用商店、华为应用商店等等,都是由占有一定市场比重的手机厂商开发的,这些商店中,各种 App 不管是做 ASO(app store optimization,应用商店优化)还是做投放,都是商家的必争之地。

　　根据用户使用习惯和用户人群来划分,App 企业容易找到自己的受众人群。

　　积分墙是一个对于新的 App 容易提升下载安装量的渠道,但是其使用效果并不好,原因是用户的目的不单一。比如,在用户引流的过程中,当你设立了分支任务,用户为了得到 A 物品,在完成分支任务以后最终得到了自己想要的物品，那么，这个分支任务所产生的奖励用户再次使用的概率就不会很大，除非你的 App 产品能够让用户爱不释手。

因此，积分墙作为引流新用户的渠道可以尝试，但是也要慎重选择。因为，一方面它让转化的成本越来越高；另一方面会在无形中让你失去对自己产品的定位。

二维码作为下载 App 的一种方式，渠道有很多种，比如放在官方网站上、微信公众号上、线下活动的易拉宝宣传资料上等。

二维码的拉新往往都需要结合活动，比如线下推广活动可以在下载 App 并注册后送奖励，开展类似活动需要注意，最好选择有无线网的地方，如果没有，可以准备一个热点，因为不是每个用户都愿意用自己的流量下载 App。提升 App 的新用户使用数量，可以借鉴用户运营中的用户定位和激励体系来引导和刺激用户。因为 App 作为移动端的应用，功能已经可以和 PC 网站相媲美了，并且移动端的便利性远远超过了 PC 网站。

2. 其他终端引流

其他终端引流的方式大多是企业新增 App 板块，将以往的网站、微信，以及线下实体店已经注册和安装使用的用户，导流到自己的 App 上。信息获取的便利性、App 终端的安全性和 App 的学习成本都会影响到用户，其中的每一项都可能流失一部分用户。作为用户运营人员，要做的就是尽可能地减少用户流失。

告知用户的导流方式在微信上可以使用。如果企业新增了 App，可以在原有的网站上或者以原有的微信公众号告知老用户，但是，效果都不太好。这里可以用两个技巧。

首先是利益驱动。所谓"无利不起早"，用户如果下载或者安装一个 App，一定是 App 在某些方面打动了用户，或者是用户真的需要才会下载安装。对后一种情况，需要 App 在产品功能或者模式上有自己的创新或特点才能符合用户的需求；对老用户的引流，如果企业自己的 App 不能给这些用户带来更多的实惠和便利，那么，用户流失率会因此大大增加。所以，需要通过一些方式，让老用户有动力继续使用你的 App。

其次是做加法和减法。我们向用户提供的功能和服务可以做加法，也可以做减法。

做加法的优点是让用户获得的功能或者服务更多，缺点是用户不一定需要这些新增的功能或者服务。

做减法的优点是让用户的黏性更高,缺点是用户流失的风险很大。

如今,手机的 App 越来越多,而每个 App 使用的时间就会随着 App 的增多而减少。加、减法对于 App 非常重要,加法可以帮助用户解决更多的问题,而减法则可以让用户提高使用效率。这两者是用户的最基本需求,要在增加功能服务前做好这个功课,了解用户是否需要这个功能,需要的比例是多少。

想一想

1. 你是否做过关于推销的兼职或全职工作?

2. 在推销的过程中是否遇到过难题?你是如何解决的?

(四)收入分析和成本分析

画布的最下方有两个框,分别是"收入分析"和"成本分析"。这两项确定的是商业模式的发展性。你不应该为未来三年或者五年做预测,而应该脚踏实地地分析眼前。首先,你需要确定设计、制作和发行最简可行产品的路径。完成之后,再进行修改。

1. 收入分析

很多创业公司刚开始都不愿意考虑"收钱问题",因为他们觉得自己的产品还没准备好。经常听到的一种说法是,最简可行产品既然都是"最简"的了,怎么好意思收别人钱呢?

这个问题要这样看:首先,最简可行产品并不等于"半吊子"产品。虽说是最简可行产品,可它解决的是客户最看重的问题,而且这些问题都是值得解决的。这么说来,就意味着你必须为用户创造足够的价值,让他们愿意掏钱购买。

除了上面这个问题,人们暂时不愿意收钱的常见原因还有一个,那就是希望能在公司创办初期学到更多东西。持这种观点的人认为收费会给客户制造不必要的门槛,在创业早期应该尽量避免。

事实上,大部分人在做新产品的时候都会注重降低客户入门难度。我们希望用户能毫无压力地同意试试我们的新产品，并且相信只要能持续为用户提供价值，他们总会愿意付钱。

这样做的问题在于，商业模式中风险最大的部分无法得到及时的验证（因为用户会很随意地选择你的产品）。此外，如果没有非常"忠实"的客户，就无法得到最佳的学习效果。还有一点需要注意：学习并不意味着你需要找很多用户，其实只需要少数的优质客户就够了。如果你打算做收费产品，那么从一开始就应该收费。

为什么呢？有以下几点原因。

（1）价格也是产品的组成部分

假设我在你面前摆两瓶水，然后告诉你一瓶价值 2 元，另一瓶价值 10 元。虽然你无法在蒙眼测试中指出哪瓶水更好喝（两者本来就没什么差别），但是你可能会倾向于相信贵一点的那瓶水品质更好（至少你想知道是不是如此），就这么简单，价格能够改变你对产品的看法。

（2）什么样的价格配什么样的客户

更有意思的是，你的定价方案也决定了你的客户群体。从现在的瓶装水市场情况看来，两种价格的水都是有人买的。你的产品定价正好说明了你想服务于哪个目标客户群体。

（3）让人掏钱是第一重验证

让客户给你钱是一件非常困难的事情，也是一种初级形式的产品验证。虽然有许多科学方法教你怎么给产品定价，但定价可不仅仅是科学的事情。

想一想

除了产品或服务的销售费用，大家想想还有哪些收入方式？请写下来。

2. 成本分析

从产品制作到推向市场的过程中会产生各种支出，把这些都列出来。要想准确地预测将来会产生哪些开销是很困难的。所以，你应该把重点放在当下，比如：

- 访谈 30～50 个客户需要多少成本？
- 制作并发布最简可行产品需要多少成本？

● 你现在的资金消耗率是多少？

推出产品的成本包括显性成本和隐性成本。

（1）显性成本

显性成本是指企业在生产要素市场上购买或租用所需要的生产要素的实际支出，即企业支付给企业以外的经济资源所有者的货币额。例如支付的生产费用、工资费用、市场营销费用等，因而它是有形的成本。一般成本会计计算出来的成本都是显性成本，销售收入减去显性成本以后的余额称为账面利润。从某种角度讲，显性成本反映的是实际应用成本，可以在产品价值中得到反映并具有可直接计算的特点。

（2）隐性成本

隐性成本是指企业本身所拥有的且被用于企业生产过程的那些生产要素的总价格，是一种隐藏于企业总成本之中、游离于财务审计监督之外的成本；是由于企业或员工的行为而有意或者无意造成的具有一定隐蔽性的将来成本和转移成本，是成本的将来时态和转嫁的成本形态的总和，如管理层决策失误带来的巨额成本增加、领导的权威失灵造成的上下不一致、信息和指令失真、效率低下等。相对于显性成本来说，这些成本隐蔽性大，难以避免，不易量化。隐性成本是指公司损失使用自身资源（不包括现金）机会的成本。

把收入和成本分析结合起来，计算出一个平衡点，然后估计一下，你需要花多少时间、金钱和精力才能达到这个平衡点。随后，这个信息将帮助你来决定商业模式的优先级，即决定先尝试哪一种模式。

你的钱将怎么花，用在什么地方，你是否会做预算。成本的结构是决定利润来源的一个重要内容，这由以下几个方面决定。

你和上游的关系，你的议价能力，你的讨价还价怎么样。对创业公司来说，这个需要通过时间的积累，当自身建立了足够的优势后，就可以从供应商那里拿到比较好的采购价格。

你的运营管理效率和水平。如果你的运营管理水平高，人均产出高，那么你的成本费用就可以降低，这也可以为利润挤压出空间。

另外，融资也是要考虑的内容。不论是股权融资还是债权融资，都要考虑成本。债权融资要考虑利息的支出成本，股权融资要考虑股份的成本。融资的时间点以及稀释的比例都是需要考虑的。

大学生创业项目成本估算很容易出问题，那就是场地、设施、水电物业、空调取暖、网费、税收、人员等费用和社会企业不同，其中部分或绝大部分都是学校承担的，税收和人员费用也比社会企业低。在实际运行过程中要按照社会企业对这些费用进行估算，计入成本，这样才能看出企业真正的盈利能力，保证孵化结束后可以顺利适应社会环境，避免"见光死"的现象发生。

👥 案例

沃尔玛的成本控制方法

作为全球最大的零售企业，沃尔玛设计了一套有效的成本控制方法，帮助它在激烈的竞争中立于不败之地。其主要方法如下。

1. 全员节约观念

在沃尔玛，你看不到华而不实的办公场地和办公设备，"合适的才是最好的"在经营中得到最好的体现。繁忙的旺季，沃尔玛的经理们会穿着西装走到第一线直接为顾客服务，而不是像其他公司那样增聘员工或者临时工，这是沃尔玛从上到下的传统。

2. 直接采购

沃尔玛对传统零售企业的经营战略进行了革命，即绕开中间商，直接从工厂进货，大大减少了进货的中间环节，为降低采购价格提供了更大的空间。

3. 统一配送

沃尔玛打破了传统零售行业的存销方式，实行统一订货、统一分配、统一运送。它的1美元商品销售额中，配货方面的成本只需1美分多一点，这无疑是比较低的商业成本。

4. 运用高新技术调整货物配送

沃尔玛通过商用卫星实现全球联网，以先进的信息技术为其高效的配送系统提供保证。总部可在一小时之内对全球400多家分店内每种商品的库存上架以及销售量全部盘点一遍。这使总部能够全面掌握销售情况，合理安排进货结构，及时补充库存和不足，降低存货水平，减少资金成本和库存费用。

3. 低成本运作的途径

（1）降低固定成本

初创企业的固定成本完全可以量力而行，千万不要讲面子。如办公场地，苹果公司初创时，3个人就是在乔布斯家的车库里工作；华为初创时，也是在一个破旧的居民楼里；阿里巴巴最初的18人是在马云的家里办公；大疆无人机初创时3个人也龟缩在一家仓库里。至于管理人员，能省就省，初创人员自己要能身兼多职，尽量少聘请全职员工，多请兼职员工。昂贵的机器设备能租就不要买。

节约是初创企业的特质。

（2）进行股权激励

很多初创企业在开始创业的时候，就把员工吸纳为股东，虽然现金收入稍低，但他们有公司的期权或股权激励。这样，公司利益和员工的利益被紧紧地捆绑在一起，可以激励员工的积极性和主动性，并减少现金支出。这个对初创公司至关重要。

（3）开展战略合作

你也可以通过与其他公司进行战略合作来获得一些产品与服务，也可以尝试用自己的服务换一些广告资源。如房租、咨询费、广告费等，都可以用你的股权去购买或置换。这些非现金置换能节约你紧张的现金流。

（4）尽量开源节流

创业企业要尽快实现盈利，同时也要养成节省的习惯。有些获得了融资的企业对获得的资金没有认真规划，总觉得是别人的钱，用起来很大方，到山穷水尽时才发现无以为继，所以，节流可以延长初创企业的延续时间。

充电链接

天使投资一词源于纽约百老汇，特指富人出资资助一些具有社会意义的演出的公益行为。对那些充满理想的演员来说，这些赞助者就像天使一样从天而降，使他们的美好理想变为现实。后来，天使投资被引申为一种对高风险、高收益的新兴企业的早期投资。那些用于投资的资本就叫天使资本。

天使投资人又被称为投资天使，是指具有一定净财富的个人或者机构，对具有巨大发展潜力的初创企业进行早期的直接投资，属于一种自发而又分散的民间投资方式。天使投资人自己组织成的天使团体或天使网络目前正不断扩大，以分享研究成果、集中资金针对性。

创业者需要能力，往往还特别需要运气。团结一群有能力的合伙人，打造出有潜力的初创公司，潜在的天使投资人就出现了。你要亲自与天使投资人见面，面对面地沟通，并亲自谈判交易细节，了解他们的品性，看看未来是否有可能合作愉快，同时，你有很多机会了解他是否有大视野、大胸怀。谈判过程是你和天使投资人相互试探、相互吸引的过程。

天使投资人参与投资是为了财务回报，其投资意愿依赖于他们所了解到的其他天使投资人的盈利情况。他们把天使投资当作他们投资组合中的一种分散投资方式，并不想特别深入地介入公司运营。

风险投资简称风投,是指向初创企业提供资金支持并取得该公司股份的一种融资方式。风险投资公司由一群具有科技及财务相关知识与经验的人组合而成,经由直接投资被投资公司股权的方式,给需要资金者(被投资公司)提供资金,不以经营被投资公司为目的,仅是提供资金及专业上的知识与经验,以协助被投资公司获取更大的利润为目的。

众筹即大众筹资或群众筹资,是发起人在互联网上发布创意,形式不限,以各种方式吸引大众为其捐钱的活动。众筹构成有三部分群体。发起人,即有创造能力但缺乏资金的支持者,对筹资者的故事和回报感兴趣的人,有能力提供支持的人;众筹平台连接发起人和支持者的互联网终端。众筹分为股权众筹和非股权众筹。众筹的门槛低,只要你有与众不同的想法、有创造能力,就可以发起项目。同时,众筹项目多样,包括设计、科技、音乐、影视、食品、漫画、出版、游戏、摄影等,吸引的是大众力量,支持者通常是普通的草根民众。当然,众筹项目必须要有创意,必须先将自己的创意(设计图、成品、策划等)达到可展示的程度,才能通过平台的审核,而不仅仅是一个概念或者一个点子。

三、创业实践——融资模拟

（一）实验目的

锻炼学生的融资能力。

（二）课前准备

(1) 项目化教室,可容纳 6～8 组。

(2) A4 白纸、多色马克笔。

(3) 精益创业画布。

(4) 建议用时 30 分钟。

（三）实验内容

(1) 总结课上关于收入和支出的资本构成。

(2) 根据老师提供的场景进行角色扮演。

某人工智能科技有限公司是一家专注于自动驾驶技术研发与应用的人工智能创业公司,公司致力于通过先进的算法和传感器技术,为汽车制造商、物流公司及智慧城市提供自动驾驶解决方案,融资主要用于加大在自动驾驶算法、传感器融合、路径规划等核心技术的研发投入,提升产品的性能和安全性;引进更多行业顶尖人才,加强研发团队、销售团队和运营团队的建设;建立自动驾驶测试场和生产基地,提高产品的生产和测试能力。

(3)你们想象一下,自己是负责人,你应该如何跟投资人表达呢?

(4)每组思考设计完成后,进行小组展示。

(5)请其他组思考,你们作为投资人,是否愿意为该小组投资?

(四)总结与反思

作为投资人,你关注哪些点呢?是团队?是技术?是商业模式?还是……

四、自我反思

(1)在收集市场上用户获得渠道的时候,请你思考,目前渠道的发展方向是什么?

(2)有人说"钱能解决的问题往往不是问题",那么,在企业中,钱解决不了的问题有哪些呢?

(3)通过第(2)题,你认为你们团队是否存在"钱解决不了"的问题?

(4)你有理财的意识和规划吗?

在本次活动中,从你们小组的积极性、参与度、思维发散性等方面考虑,如果满分 10 分,你觉得你们小组应该得多少分?

你觉得自己在本次活动中贡献了多少工作,以百分数计。

自评小组得分(满分 10 分):＿＿＿＿＿＿＿＿＿＿。

自评个人贡献率(100%):＿＿＿＿＿＿＿＿＿＿。

五、思维训练

激情是成功的原动力

激情是成功的原动力，没有动力，事业就很难有起色。一位成功人士想要全身心地投入自己的事业中去，必须要依靠发自内心的激情。只有在激情的推动下，一个人的才华才能发挥到极致。俞敏洪创办新东方并获得成功，就是因为他拥有着高昂的创业激情。他说他把自己所有的激情都投入到自己的事业中去，并将它进行到底，使自己的事业有更好的未来。

俞敏洪说自己最成功的决策，就是依靠激情把那帮比他有出息的海外朋友请了回来。在俞敏洪的激情鼓动下，昔日好友徐小平、王强等陆陆续续从海外赶回加盟了新东方。经过在海外多年的打拼，这些海归身上积聚起了巨大的能量。这批从世界各地汇聚到新东方的个性桀骜不驯的人，把世界先进的理念、先进的文化、先进的教学方法带进了新东方。俞敏洪笑言自己是"一只土鳖带着一群海龟奋斗"。如何将这些有个性的人团结到一起，靠的就是大家对梦想的追求和对激情的诠释。

和俞敏洪一样，徐小平擅长演讲，从徐小平的演说中，不难看出他也是一个充满激情的人。因为他的演说总是能够激起人们的欢呼和掌声。正是这位充满激情的演说家，为新东方提供了很多战略。的确，对创业者而言，如果没有创业激情，就容易安于现状，不思进取，最终企业的发展找不到方向和持续的动力。新东方的另一位创始人王强表示，他在新东方问心无愧地付出，几乎没有保留，挥洒了他十几年的才华和激情。

虽然新东方三位创始人的性格有很大差别，但是他们有一点非常相似，那就是激情。

在教育政策的重大调整下，俞敏洪仍然依靠激情，带领新东方转型创办东方甄选，续写新的商业传奇。

练一练

(1) 一个人体内有两颗心脏，而且都跳动得很正常。可能吗？

(2) 在大洋洲的某个村庄里，所有的人都只有一只右眼。可能吗？

(3) 一年中有些月份有 30 天，有些月份有 31 天。那么有多少个月有 28 天？

(4) 某地正处于雨季。某天半夜 12 点下了一场大雨。请问，过 72 小时后该地会不会出现太阳？

（答案请在本书中找。）

课堂实施指导画布——海盗模型 "病毒" 增长

1. 知识要点
   (1) AARRR 海盗模型
   (2) 产品生命周期
   (3) 增长引擎

2. 前课回顾
   (1) 吸引客户的渠道
   (2) 项目成本构成
   (3) 低成本运营途径

3. 课堂目标
   (1) 了解增长引擎的三种类型
   (2) 理解海盗模型的阶段和意义

4. 教学资源
   (1) 在线学习平台
   (2) 精益创业学习手册
   (3) A4 白纸
   (4) 水彩笔
   (5) 精益创业画布

5. 课堂组织
   (1) 每组收集自己项目的关键指标
   (2) 教师梳理与讲解

6. 考核要点
   (1) 学生出勤
   (2) 海盗模型梳理

7. 效果反馈
   (1) 完成精益创业画布模块的迭代
   (2) 利用海盗模型设计初步营销方案

海盗模型 "病毒"增长 模块六

海盗模型的
内涵

♻ 回顾与思考

1. 精益创业的核心三部曲是(　　)。

    A. 假设—测量—认知　　　　　　　　B. 开发—批量—成长

    C. 开发—测量—认知　　　　　　　　D. 假设—批量—成长

2. 下列不属于直接成本损失的是(　　)。

    A. 财产损失　　　　　　　　　　　　B. 收入损失

    C. 技术损失　　　　　　　　　　　　D. 费用损失

3. 火箭发射模式是以自我为中心开展创业,是天才式人物与天才式创想的结合。(　　)

    A. 对　　　　　　　　　　　　　　　B. 错

4. 大学生创业,有哪些获得资金的途径?

5. 获得资金后,在使用过程中应注意哪些问题?

一、脑洞大开

（1）请回想你目前认识朋友的途径，在小组间分享并归类。

（2）请写出你觉得你们班最受欢迎的一位同学的名字。

（3）请你简单描述一下，从刚入校门大家互相不认识，到他（她）最受欢迎的过程，可以举例说明。

二、理论指导

之前我们介绍了如何让客户"看见"你，就是你接触用户的渠道，那么你能否留住客户呢？能否让客户帮你介绍客户呢？能否成为你的忠实粉丝呢？这个模块来研究一下客户增长。

（一）产品生命周期

产品生命周期（product life cycle，PLC）是产品的市场寿命，即一种新产品从开始进入市场到被市场淘汰的整个过程，如图 6-1 所示。产品生命周期是美国哈佛大学教授雷蒙德·弗农（Raymond Vernon）1966 年在其《产品周期中的国际投资与国际贸易》一文中首次提出的。弗农认为，产品生命是指市场上的营销生命。产品和人的生命一样，要经历形成、成长、成熟、衰退这样的周期。就产品而言，要经历一个引入、成长、成熟、衰退的阶段。而这个周期在拥有不同的技术水平的国家里，发生的时间和过程是不一样的，期间存在一个较大的距离和时差，表现为不同国家在技术上的差距，它反映了同一产品在不同国家市场上的竞争地位的差异，从而决定了国际贸易和国际投资的变化。该理论侧重从技术创新、技术进步和技术传播的角度来分析国际贸易产生的基础，将国际贸易中的比较利益动态化，研究产品出口优势在不同国家间的传导。

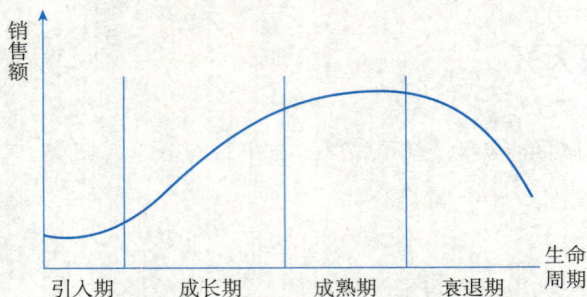

图 6-1　产品生命周期

1. 引入期

引入是指产品从设计投产直到投入市场进入测试阶段。新产品投入市场，便进入了介绍期。此时产品品种少，顾客对产品还不了解，除少数追求新奇的顾客外，几乎无人实际购买该产品。生产者为了扩大销路，不得不投入大量的促销费用，对产品进行宣传推广。该阶段由于生产技术方面的限制，产品生产批量小，制造成本高，广告费用大，产品销售价格偏高，销售量极为有限，企业通常不能获利，反而可能亏损。

2. 成长期

当产品进入引入期，销售取得成功之后，便进入了成长期。成长期是指产品试销效果良好，购买者逐渐接受该产品，产品在市场上站住脚并且打开了销路。这是需求增长阶段，需求量和销售额迅速上升。生产成本大幅度下降，利润迅速增长。与此同时，竞争者看到有利可图，将纷纷进入市场参与竞争，使同类产品供给量增加，价格随之下降，企业利润增长速度逐步减慢。

3. 成熟期

成熟期是指产品走入大批量生产并稳定地进入市场销售，经过成长期之后，随着购买产品的人数增多，市场需求趋于饱和。此时，产品普及并日趋标准化，成本低而且产量大。销售增长速度缓慢直至转而下降，由于竞争的加剧，导致同类产品生产企业之间不得不在产品质量、花色、规格、包装服务等方面加大投入，在一定程度上增加了成本。

4. 衰退期

衰退期是指产品进入了淘汰阶段。随着科技的发展以及消费习惯的改变，产品的销售量和利润持续下降，产品在市场上已经老化，不能适应市场需求，市场上已经有其他性能更好、价格更低的新产品，足以满足消费者的需求。此时成本较高的企业就会由于无利可图而陆续停止生产，该类产品的生命周期也就陆续结束,以致最后完全撤出市场。

❓ 想一想

产品有生命周期,那么人的成长过程有周期吗?请根据你的学习生活经历,总结一下目前处于哪个时期。可以绘制一张自我成长周期表,并预判一下自己何时能达到成熟期,给自己定个小目标。

👥 案例

可口可乐(图 6-2)是美国佐治亚州潘伯顿医生(Dr. John S. Pemberton)1885 年发明的,他在地窖里把碳酸水加苏打水搅在一起,成为深色糖浆。他的合伙人罗宾逊(Frank M. Robinson)从糖浆的两种成分中激发出命名的灵感,于是有史以来最为成功的软性饮料可口可乐诞生了。

图 6-2 可口可乐

在引入期,可口可乐定位为戒酒饮料,同时可乐本身含有一定量的可卡碱,使得可口可乐在初期上市之后受到了医生和报界人士的大肆批评,很多消费者也不断抱怨和抗议可乐的药品形象。在这样的环境下,可口可乐开始了新的开发,把可卡碱的含量减少到原有含量的 1/10。然后他们又寻找到最佳配方,使得口味更加符合大众的需求。这个配方是绝密的,也奠定了它在饮料界的巨无霸地位。

在成长期,可口可乐公司的利润迅速增长,公司改善产品质量并增加新的产品特色和式样,进入新的细分市场。公司在营销上启用了瓶装革命,把可口可乐装入瓶中,从而打开了遥远的乡村市场。可口可乐的销量直线上升。

可口可乐的巅峰期始于第二次世界大战时期,日军偷袭珍珠港后,美国对日本宣战,被派往前线的美国大兵源源不断。就在这时,可口可乐公司突然意识到想要实现"让全世界喝可口可乐"，参战的美军就是最好的消费者和推销员。可口可乐的大老板洛普当机立断公开发表声明："为了支持祖国的正义战争，不论我们的将士走到哪里，本公司将不惜成本，保证每位战士只花 5 美分就能喝到一瓶家乡的可口可乐。"可口可乐公司本想把装瓶的可口可乐直接出口，但是，尽管他们有特权，却还是没有办法享受军事船运的优先权。于是他们出了另一套计划，仿照美军使用脱水食物的方式，把可口可乐浓缩液装瓶输出，并设法在驻区设立装瓶厂。可口可乐公司一共派遣了 248 人随军到国外，这些人甚至有军职，被称为"可口可乐上校"，可以和修理飞机坦克的军人相提并论。随后，这批人随军辗转，从新几内亚丛林到法国里维拉那的军官俱乐部，一共卖了 100 亿瓶可口可乐。除了南北极以外，可口可乐在战时总共建立了 64 家装瓶厂。

第二次世界大战后，可口可乐也进入了成熟期。可口可乐的对手百事可乐也在 20 世纪 50 年代崛起。二强相争，愈演愈烈。可口可乐与麦当劳合作，百事可乐则买下肯德基。可口可乐成为民主党的传统饮料，百事可乐则支持共和党。二者还展开价格战，竞相削价。双方压低成本，提高效率。不过可口可乐还没有进入衰退期，全球化使得它不得不走向世界。

案例

据了解，从 20 世纪 50 年代起，诺基亚就与中国建立了贸易关系。而诺基亚一开始并没有在中国推广，原因是当时在中国尚无手机。鉴于中国的电子通信技术起步较晚，诺基亚并未首先占领中国市场。而后，随着中国经济的发展，诺基亚发现中国的手机市场潜力巨大，1985 年，诺基亚在北京开设了第一家办事处。

20 世纪 90 年代中期，在华发展期间，诺基亚建立并秉承"携手同行、开创未来"的宗旨。诺基亚通过在中国建立合资企业，实现本地化生产，并逐步将其发展成为诺基亚全球主要的生产基地。1991 年首次全球通话开始，诺基亚就一直是全球通技术的主要开发商。此后，在摩托罗拉于 1993 年抢先进入中国手机市场后，诺基亚很快便跟进。

手机市场报告显示，2004 年诺基亚成功超越摩托罗拉成为全球第一大手机厂商。在拥有了大量的消费群体的同时，诺基亚牢牢把控了 Symbian 系统 S60 平台，并且迅速形成产品线，最终让 S60 平台成为 Symbian 系统的头牌。2007 年在中国，消费者对摩托罗拉还停留在刀锋 V3 上，诺基亚 6600、7610、

N73、5700、E53 等一系列产品已经成为中国消费者耳熟能详的产品。这充分证明了此时的诺基亚正处于成长期(见图 6-3)。

图 6-3　诺基亚及其他老款手机

根据调研机构数据统计,诺基亚 2007 年第四季度占领全球市场的 40.4%,位居第一。其对手摩托罗拉则以 11.9%萎缩至第三。

这表明 2007 年诺基亚已经达到了巅峰时代,即诺基亚进入产品生命周期的成熟期。具体表现如下。

(1) 2001—2006 年 5 次被《经济观察报》评为中国最受尊重企业。

(2) 2004 年赢得中国整体手机市场第一名。

(3) 2004—2006 年连续 3 次当选"中国最具影响跨国企业"。

(4) 在《财富》中文榜发起的首次"中国最受赞赏公司"评比中进入前十名。

(5) 与西门子合作建立了世界上规模最大、经验最丰富的服务机构之一。

(6) 2006 年的市场份额仍以超过 36%的成绩成为第一,成为中国最大外商投资企业之一。

自 2007 年苹果推出 iPhone 以来,诺基亚的市场份额急剧下降。2010 年,在全球品牌排行中,诺基亚在 12 个月内下降了 30 位,仅仅排到了 43 位。2011 年第二季度全球手机市场份额第二位已被苹果、三星所取代,诺基亚连续占有 15 年第一的全球手机市场份额开始急速下降。而今,诺基亚在中东和非洲手机销量下降 27%,亚太区手机销量下降 7%,拉美地区销量下降 10 万部;而在欧洲,当前几欧元的股价对 2007 年 27 欧元的高位已是遥不可及。

上述数据表明,无论是从其市场份额还是公司利润分析,诺基亚此时均处于衰退期。

　　产品生命周期是一个很重要的概念，它和企业制定产品策略以及营销策略有着直接的联系。管理者要想使他的产品有一个较长的销售周期，以便赚取足够的利润来补偿在推出该产品时所做出的一切努力和经受的一切风险，就必须认真研究和运用产品的生命周期理论。此外，产品生命周期也是营销人员用来描述产品和市场运作方法的有力工具。但是，在开发市场营销战略的过程中，产品生命周期却显得有点力不从心，因为战略既是产品生命周期的原因又是其结果，产品现状可以使人想到最好的营销战略。此外，在预测产品性能时产品生命周期的运用也受到限制。

想一想

在创业过程中，研究产品的生命周期有什么意义？

（二）营销策略

充电链接

　　营销策略是企业以顾客需要为出发点，根据经验获得顾客需求量以及购买力的信息、商业界的期望值，有计划地组织各项经营活动。你提供给客户的这些东西，不仅要高于、优于他们所拥有的东西，而且要高于、优于他们得到的一切选项和选择。说到底，营销就是销售一种利益。营销的方法有近百种，我们一般遵循 4P 原则：产品策略、价格策略、渠道策略和促销策略。营销是为顾客提供满意的商品和服务而实现企业目标的过程。市场营销策略的制定是一个相互作用的过程，也是一个创造和反复的过程。

　　（1）产品策略

　　产品的设计应有一个整体的概念，包括核心产品、形式产品、期望产品、延伸产品和潜在产品五个层次。核心产品是向消费者提供的满足需要的基本效用，产品功能应该永远放在第一位，其次要充分考虑产品的其他层次；形式层次上，要有合适的外观形象；期望产品层次上，消费者期望得到与产品密切相关的一整套附属和条件；在产品延伸层次上，送货上门、安装调试、维修服务等也至关重要；在产品潜在价值层次上，消费者希望能有更多的辅助功能。

　　（2）价格策略

　　一个产品在它的生命周期的不同阶段，价格不同。

①开发阶段：在产品开发阶段进入市场，定价较高，但利润较低，因营销成本偏高。

②发展阶段：产品逐渐得到市场认可，定价较高，利润开始增长。

③成熟阶段：因为大多数潜在顾客已经买了，新顾客很少，价格降低或打折销售，盈利减少，营销费用加大。应在此时开发新产品并迅速引进市场。

④衰退阶段：原有产品销售额和利润开始下降，宜退出市场，新产品开始盈利。

如果你想在产品的发展和成熟期获利，就需要在产品的开发阶段进入市场，这个阶段的营销任务就是向顾客介绍新产品，使顾客了解新产品将给他们带来什么。但是，营销费用相对较高。定价模式对企业的盈利能力有非常重要的影响。

定价时，以下几点可能会有帮助。

- 成本不是定价的关键因素。
- 替代产品的价格也可以为你提供参考。
- 不同类型的客户支付不同的价格。
- 对早期试用者和关键客户灵活定价。

（3）渠道策略

①搭顺风车。创业企业品牌不为消费者所了解，也很难在短时间内为客户所接受，可以借用品牌的商标（合法使用，而不是非法使用）和他人强有力的销售渠道迅速打开市场。

②捆绑式销售。如果开发的是系列产品，这些产品的用途也是相互配套、相互联系的，那么配套产品可以利用主产品的销售渠道。

③直接建立自己的销售网络。在目标市场采用密集型和轰炸型销售策略，也可以建立自己的终端销售队伍。

（4）促销策略

①借助他人推荐扩大知名度，顾客之间的推荐是招揽生意最好的方式，没有什么比一传十、十传百的推荐在传播企业及其新产品方面来得更快、更有效。

②公共关系，为了使新产品尽量让其他人了解，公共关系是强有力的促销工具。比如媒体的侧面报道；召开有关产品研讨会、发布会；与中间商、政府的良好沟通等。

③广告促销，广告是现代促销手段中最直接的手段，许多创业企业通过打广告打开市场，中央电视台每年产生的标王就是一个例证，当然也有不成功的例证。

④ 协作营销，与周边相关企业形成协作销售的模式，共同造势，吸引顾客，比如餐馆与宾馆或其他企业协作，起到共赢的效果。

人们天生爱听故事，营销就是要讲故事，越是创奇，越有魅力。"三流的营销卖产品，二流的营销卖品牌，一流的营销卖梦想"。

案例

维多利亚的秘密（简称维密）是美国著名的内衣品牌，拥有一件维密内衣是不少女性的愿望。1996 年起，该公司每年圣诞节前都会由顶级名模代言，高调发布一款价值数百万美元的镶钻文胸。如今它的时装秀能吸引全球最有影响力的媒体和数亿观众的注意力，广告效果极佳。截至 2016 年，维密秀在 180 多个国家播出，全球范围内播放超过 1 000 亿次。仅获得授权的优酷、爱奇艺、腾讯三大国内视频网站在 2017 年的维密秀播放量就接近 3 亿次。2017 年维多利亚的秘密时尚大秀于 2017 年 11 月 20 日在上海梅赛德斯奔驰文化中心举行，观众硬是把门票炒到 30 万元一张。当维密高价文胸出现在产品目录上时，就已经悄悄塞给了顾客一个价格锚和参照点。不难想象，当一位男士准备买一件内衣送给妻子或女友时，他先看到一款标价十几万元的文胸是什么心情，再看到一款标价才 1 980 元，样式、质地也很好的同品牌商品时，又是怎样的心情。对于企业来说，就算钻石内衣卖不掉，上面的钻石可以拆下来，明年继续用，几乎没有损失。

"销售给所有人"其实是创业的一大陷阱。作为一个没有经验且资源有限的创业"菜鸟"，你不要有向所有人销售的冲动。向所有人销售其实就是向"没有人"销售，这样你找不到一个客户。因为你的服务与产品定位不精准，也就是说没有客户需求，这又回到了精益创业的核心。

而这里讲的营销策略是指针对产品生命周期而进行的营销。

1. 引入期的应对营销策略

（1）快速掠取策略，即以高价格和高促销推出新品。引起目标市场的注意，加快市场渗透。实施条件：市场上有较大的需求潜力；目标顾客具有求新心理，愿意购买高价格的新产品；企业面临潜在竞争者的威胁，需要尽早树立品牌。

（2）缓慢掠取策略，即以高价格、低促销费用将产品推入市场。因此企业获得更多利润。实施条件：市场规模相对较小，竞争压力小；市场上大多数用户对该产品没有太多疑虑；适当的高价为市场所接受。

（3）快速渗透掠取，即以低价格和高促销费用推出新产品。先发制人，快速抢夺市场。实施条件：产品容量大；竞争压力大，消费者对价格十分敏感；制造成本可随生产规模和销售量的扩大迅速下降。

（4）缓慢渗透策略，即以低价格和低促销费用推出新产品。加快市场渗透率。实施条件：市场容量大；潜在客户对价格十分敏感；竞争激烈。

2. 成长期的应对营销策略

（1）根据用户需求和其他市场信息，不断提高产品质量，努力发现产品的新款式、新型号，增加产品的新用途。

（2）加强促销环节，树立强有力的产品形象。促销策略重心应从建立产品知名度转移到树立产品形象上面；主要目的是建立品牌偏好，争取新的顾客。

（3）重新评价渠道决策，巩固原有渠道，增加新的销售渠道，开拓新的市场。

（4）选择适当的时机调整价格，以争取更多顾客。

3. 成熟期的应对营销策略

（1）市场改良策略，即开发新市场，寻求新用户。企业可使用的三种策略：①努力使顾客更频繁地使用该产品；②努力使用户在每次使用时增加该产品的使用量；③努力发现该产品的各种新用途。

（2）产品改良策略，包括：①质量改进；②特点的改进；③样式的改进，如麦当劳品牌的"变脸"。

（3）营销组合改良，是指通过改变定价、销售渠道及促销方式来延长产品成熟期。

4. 衰退期的应对营销策略

（1）集中策略，即把资源集中使用在最有利的细分市场、最有效的销售渠道和最易销售的品种、款式上。缩短战线，以最有利的市场赢得尽可能多的利润。

（2）维持策略，即保持原有的细分市场和营销组合策略，把销售维持在一个低水平上。待到适当时机，便停止该产品的经营，退出市场。

（3）榨取策略，即大幅度降低销售费用，如广告费用削减为零、大幅度精简推销人员等，虽然销售量有可能迅速下降，但是可以增加眼前利润。

在产品生命周期管理的不同阶段，产品的市场占有率、销售额、利润额是不一样的。研究产品生命周期对企业营销活动具有十分重要的意义。

? 想一想

1. 产品生命周期曲线有什么缺点吗？小组讨论分享。

2. 请每个小组收集一个企业在不同生命周期采取不同营销策略的案例。

我们通过哪些指标衡量营销策略是否成功呢？

我们都知道，获取足够的用户是一个项目或者创业公司在前期最重要的业务指标。AARRR 模型（海盗指标）就是为回答这个问题由投资人 Dave McClure 提出的，以收入和增长为目标，通过对内在的 5 个指标间的逻辑关系进行改善从而推动业务增长的一种模型。

（三）海盗模型（AARRR）

AARRR 模型（见图 6-4）中的 5 个指标代表了所有客户的行为模式，通过对客户行为的划分可以帮助运营者更好地了解这些数据背后的含义，并为运营者进行优化提供了可以量化衡量的指标。AARRR 是获取用户（Acquisition）、提高活跃度（Activation）、提高留存率（Retention）、获取收入（Revenue）、自传播（Referral），这 5 个单词的缩写分别对应用户生命周期中的 5 个重要环节。

海盗模型的
应用

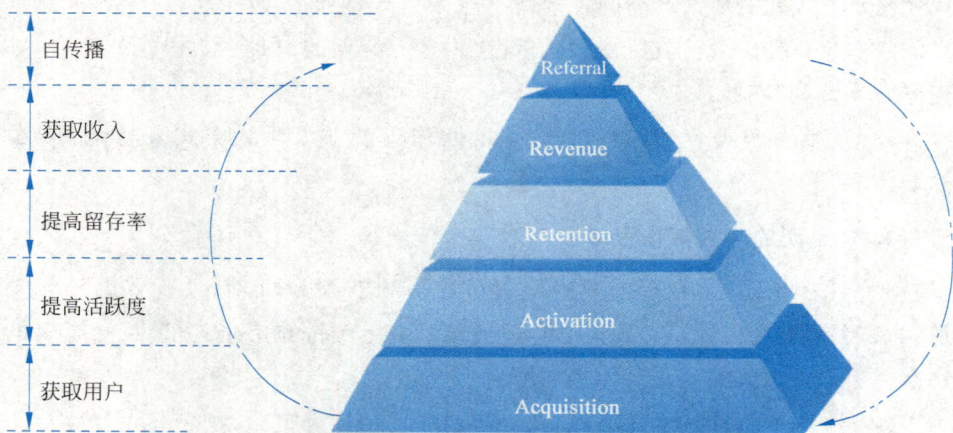

图 6-4　AARRR 模型

AARRR 模型不需要任何技术知识，因此适用于任何运营或者产品人员。运营和产品人员可以将数据按照 AARRR 模型进行处理后，通过优化 5 个指标中的每一个指标来获得成功。

1. 获取用户（Acquisition）

运营的第一步，毫无疑问是获取用户，也就是推广，即从不同的地方引入更多的用户。首先要分析自己产品的特性以及目标人群，与渠道用户进行匹配，要摸清楚每个渠道的量级与用户质量，不同产品时期选择不同渠道，是前期铺量还是稳定期保质量。

（1）关键指标：曝光量、点击、下载、安装、激活（注册激活、主动激活、推送激活、交易激活）、累计新增。

（2）媒体推广：媒体软文、测评、新闻稿推广，以及传统媒体、电视广告、微电影、视频等。

（3）社交推广：利用微博、微信、论坛、社区等手段进行推广，包括微博大号营销、草根营销等手段。

2. 提高活跃度（Activation）

用户有了，下面就是提高活跃度，用户不仅要注册，还需要经常登录，保持互动。根据应用是否有固定的客户群体进行精准营销，看哪一个渠道的用户活跃度最高。

（1）活跃用户构成

观测新老用户占比、新老用户活跃率、忠诚用户数、回流用户数、1 次／日登录用户占比等指标，根据不同产品运营时期，采用不同的参考数值。

（2）产品黏度

产品黏度是很关键的指标，它说明了用户对产品的喜欢和接纳程度。比如用户回访的天数（几天会用一次产品），用户一个月会用几次产品等。7 日回访率、日均使用时长、日均登录次数等都是产品黏度的重要指标，分不同类型产品依次分析。

3. 提高留存率（Retention）

解决了活跃度问题，又出现另一个问题："用户来得快，走得也快"。也就是没有用户黏性或者留存。

一般情况下，如果用户没有留存，也不要紧，你可以通过不断去向他们展示你的产品或者服务的价值、提供优惠的方式与他们保持联系。一般在不影响用户体验的情况下，可以在 3 天后、7 天后和 30 天后或者其他你认为合适的时间联系用户。可以是短信、邮件或者人工电话回访。

（1）数据指标

产品留存：日周月留存、新用户留存、老用户留存、活跃用户留存；产品核心功能留存；用户行为留存。

（2）提升活跃与留存方式

① 有效触达，唤醒用户：采用手机推送、短信和微信公众号等能够触达用户，唤醒沉睡用户启动 App 的方式，是提升留存的非常有效的方法之一。如游戏老用户短信召回、电商老用户召回，召回肯定是有成本的，所以要根据用户以往行为进行分析定位，找到召回率最高的那部分用户，搭建激励体系，留存用户：好的激励体系，可以让平台健康持续发展，让用户对平台产生黏性，对提升留存非常有效。通常使用的激励方式有成长值会员体系、签到体系、积分任务体系。

② 丰富内容，增加用户在线时长：这点游戏产品做得非常好，各种玩法活动本身就吸引用户投入时间成本，游戏又不断强化社交属性，更增加用户黏度与成本投入。

③ 数据反推，找到你的关键点：比如知乎，评论超过 3 次，用户就会留存下来，很难流失。又如有些游戏产品，一旦玩家跨过某个等级就很难流失。这些都是你需要通过数据分析才能找到的关键节点。

另外，只有留下来的才是你的用户，降低流失很重要，但也不必过分纠结于用户的流失，要清楚谁才是你的目标用户。

4. 获取收入（Revenue）

获取收入是运营最核心的一块。收入有很多来源，主要有 3 种：付费应用、应用内付费、广告。无论是哪种，收入都直接或间接来自用户。所以，前面提到的提高活跃度、提高留存率，对获取收入来说是基础。收入分析需要结合更多的数据完成。

5. 自传播（Referral）

基于产品自身的优点，产品通过社交网络进行自传播，又进一步获取用户，产生良好的循环。社交网络的兴起，使得运营增加了一个方面，那就是基于社交网络的病毒式传播，这已经成为获取用户的新途径。这种方式成本很低，而且效果有可能非常好。唯一的前提是产品自身要足够好，有很好的口碑。

自传播中的数据指标，可以参考的有：口碑指数、百度指数、网站 PR 值、搜索引擎收录数、反向链接数据。

通过 AARRR 模型，我们看到产品运营每个环节都至关重要，获取用户关系到我们的产品多大限度进入市场，活跃与留存关系到产品生命周期，收入的重要自是不必多说，自传播则是我们尽可能争取的资源，是降低成本扩大影响的环节。每个环节都需要大量的数据分析和迭代，从而使产品不断改进。

数据分析对于实现用户快速增长非常重要,用数据驱动产品运营,达到有效的用户增长;备受大家喜欢的海盗指标,简化并将用户的生命周期进行了分解,让产品和运营深入用户生命周期的各个环节,针对不同环节制定策略,实现用户增长。AARRR 模式是一种以用户为中心的着眼于转化率的漏斗型数据收集测量框架。

案例

抖音(见图 6-5)是于 2016 年 9 月上线的一款音乐创意短视频社交软件,是一个专注年轻人的音乐短视频社区。用户可以通过这款软件选择歌曲,拍摄 15 秒的音乐短视频,形成自己的作品并发布。

图 6-5　抖音

抖音——专注新生代的音乐短视频社区。抖音目标用户是年轻用户,其产品形态是音乐短视频,其愿景是打造音乐社区。全球潮流音乐,搭配舞蹈、表演等内容形式,还有超多原创特效、滤镜、场景切换帮用户"一秒变大片",为用户打造刷爆朋友圈的魔性短视频。那么,这款产品到底是怎么火遍大江南北,以燎原之势渗透到我们生活的?

自 2016 年成立以来,截止到 2024 年 12 月,依据产品的生命周期,抖音目前处于成熟期,致力于升级 AI 大模型技术,加强网络治理。

获取用户:产品有丰富的音乐库,产品滤镜多样化,声音与视频画像同步;在运营和营销上采用明星入驻,与其他平台主播合作,抖音在早期对于内容生产者的运营,很大一部分归因于从直播总工会上收割了一波来自虎牙、YY、斗鱼的知名主播,而这同时吸引了一波主播粉丝转移观看平台;赞助热门综艺节目,如 2017—2018 跨年演唱会赞助、2018—2019 跨年演唱会赞助、线下抖音 Idol 之夜等。衡量指标:下载量、安装量、注册量、平均新用户成本、渠道质量。

提高活跃度：刚下载无须直接注册或通过其他账号登录，轻松上手，用户感知成本低，老少皆能在这里发现想看到的美好。抖音在新人刚安装的第一个视频与第二个视频之间采用引导，好奇心驱动你一次次往上滑动屏幕。简单的操作使你一步步进入上瘾状态；强化社交属性，开拓电商；新添给好友发表情、分屏合拍、备注名查找功能等；从 3D 贴纸、炫酷道具、不断优化的视频特效、附近人、美颜拍摄、横竖屏转化，结合当下热门综艺嘻哈文化新添染发功能、直播、AR 相机。产品功能结构的热搜榜，对内容阅读者是发现热门，对广告主也是流量池基地。抖音利用好每一个功能结构使之展现在用户视野之内。就像有些人用微博只看热门微博，抖音有此功能，相应会激活一些用户；全民参与有奖问答，明星分发红包；各种激发用户参与短视频拍摄的挑战赛，活跃用户。衡量指标：单日打开次数、点赞、评论、转发量、分享量、新增关注数。

提高留存率：对于用户增长，要么放大口径，要么提高转化率。针对抖音产品的内容分发形式，抖音的增长最主要是留存问题。而留存里的最大问题就是用户的行为。那么抖音为了用户行动起来，除了各类挑战赛、拍摄指南，还通过显眼的图片以跳动的形式捕捉你的注意力，从众好奇的你是不是有想试试的冲动？基于 AI Lab 算法精准推送进行千人千面的内容分发。对于内容生产者，优质的将被高频推送；否则，减少推送频次；内容生产者的变现能力、小程序入口、抖音橱窗、直播、淘宝链接，这对内容生产者是补贴福利，也是生产者在看到甜头之后选择留下来的主要原因。同时对于不利于社会文化传播的将被限制发出等，内容不符合平台既定标准的甚至封号。抖音全屏沉浸式体验具有一定的感官冲击力；关注了一批好友和被关注，也是用户留下的原因。衡量指标：单日留存率、次日留存率、七日留存率、月留存率、年留存率、流失率、回流情况。

获取收入：主要是广告流量变现，包括开屏广告和信息流广告。精准的算法推荐，以及抖音目前的曝光量让抖音的开屏广告价位高达 336 000 元，远超微博；面向企业的广告自助服务，在品牌合作挑战赛中随手点开，某品牌挑战赛经过预热期就有了 8 000 万以上的浏览量；向发布内容大于 10 条且粉丝数大于 3 000 的用户开通了购物车功能申请，同时开通了小程序进行电影票售卖。

自传播：视频内容缓存带抖音 ID 水印，增强转发功能；整体的算法能让优质视频被推荐，大家看到的很多内容都是有趣的，能刺激转发。针对无处不在的抖音神曲，音乐播放平台相继出了"抖音精选热播"单元的内容，借由这些音乐平台，抖音进入潜在用户的意识。衡量指标：视频缓存量、二三级传播量。

充电链接

　　私域流量：在互联网快速发展的形势下，许多新的词语应运而生，比如近几年非常火的"增长黑客"，这是在传统海盗模型 AARRR 下衍生出来的，而现在又出现了新的词语——私域流量。从 2019 年开始，私域流量已成为远远高于增长黑客的搜索关键词。

　　传统意义的流量就是：阅读量、粉丝量、点赞量、播放量、10 万+等概念。这些是泛流量而不是精准流量。流量的本质是有血有肉的用户。也就是说，在每个流量的背后对应的是个人，活生生的人才是流量。

　　这些用户，我们可以反复触达、"骚扰"、交流，获取反馈。我们把这部分的用户称为私域流量。

　　比如你要开个店，那么会先做一个调研，如果店的周边有 5 万人，那么这 5 万人就是公域流量。理论上，这 5 万人都可能会成为你这家店的用户，但不太现实。如果这 5 万人有 1 000 人来到了你的店里，并且在 1 000 人中，又有 500 人主动/被动加了你微信，那么就可以说这 500 人就是你的私域流量，因为你可以反复地通过微信这个载体与用户进行沟通和交流。

　　在互联网还没有兴起的时候，销售人员一般就会记录你的联系方式，比如电话号码、邮箱、家庭地址。当他们需要联系你的时候，就会打电话或者发短信，或者是通过家庭地址去找你。这样做的目的是什么呢？就是可以比较频繁地与你接触。

　　所以，那个时候私域流量约等于通讯录。

　　现在是互联网时代，那么这些流量会在哪里？

　　现在大部分用户都沉淀在微信体系上，比如，微信个人号、微信公众号、服务号、小程序等。再加上微信又打通了微信支付，构成了商业的闭环，所以微信就是一个很重要的私域流量池。

　　私域流量可以降低营销成本，能够比较快地获取用户反馈。

　　为什么这么说？如果有了自己的私域流量，就可以利用这种社交关系，做一些调研，进一步了解顾客想要什么，知道他们的真实需求，通过他们的反馈，帮助我们的产品/服务进行迭代，这样，我们的产品或服务就能越做越好，这又回到精益创业的理论上。

　　可以通过私域流量带来口碑传播，从而带来更多转介绍。

　　你还可以通过反复触达用户，间接影响用户对你的产品的评价。如果你的产品让这些用户感觉特别好，比如，用户已经是你产品的粉丝，对你的产品认可度很高，那么他们就可能转介绍，自发宣传。这又回到海盗模型的理论上了。

　　精益创业的作者埃里克·莱斯也帮朋友做咨询，一段时间，他有两个朋友同时找他咨询，一个是致力于为动漫收藏品爱好者创建一个网上市场平台，这些人是电影、动画、漫画的忠实粉丝，热爱片中人物，一心想把与之相关的系列玩具和其他商品收集齐全。另一个朋友的企业的任务是把数据库软件销售给企业客户，他们掌控着新一代数据库技术，可以代替或补充甲骨文、IBM等这些大企业的软件服务。主要客户是一些全球企业的首席技术官、IT经理和工程师。其实这两家企业没有相似之处，但却遇到了同样的问题：两家公司都有不少早期客户，收入前景也不错，他们已经证实和验证了商业模式中的诸多假设，顾客也对产品提出了正面反馈和建议。但是这两家公司的用户都没有得到增长，所以他们都来找埃里克·莱斯寻求快速增长用户的方法。

　　那么怎样才能快速启动增长呢？是应该做更多的广告或者营销活动，还是应该关注产品的质量和功能，还是需要重新定价？我们先来了解一下用户的增长来自于哪里。

（四）增长引擎

1. 增长来自何方

　　增长引擎是新创企业用来实现可持续增长的机制。最重要的是"可持续"这个词，不包括那些能够造成顾客量剧增，但是没有办法长期影响的行动，比如为迅速启动增长而开展一次广告宣传或公关活动，由此实现的增长却无法长期维持。可持续增长的特征体现在一条简明规则中：新顾客是由以往顾客的行动带来的。

　　以往顾客推动可持续增长的方式主要有以下四种。

　　（1）口碑相传。大多数产品都有一个自然的增长水平，由满意顾客对产品的热衷程度而形成。比如，当我买了第一台数字录像机的时候，我不断向周围的亲戚、朋友们提及，很快，我的亲戚、朋友们都在用它了。

想一想

你用过的哪些产品是通过口碑相传获得的？

（2）产品使用带来的衍生效应。不管出于赶时髦还是彰显身份地位的考虑，每次使用奢侈品时，都会引发旁人对该产品的认知。当你看到有人穿了一件最新款的服装或驾驶某品牌的汽车，你可能会受到影响而跟风购买。这种情况对所谓的"病毒式产品"也适用，比如你的朋友用支付宝给你转账，你也会自动接触到支付宝这个产品。

（3）有资金来源的广告。大多数业务用广告吸引新顾客使用其产品。要让这种方式成为可持续增长的来源，广告费用必须由收入支付，而不是依靠投资资本这种一次性的资金来源。只要获取一位新顾客的成本比他带来的收入低，超出的部分就可以用来获取更多顾客。超出的部分越多，增长越快。

（4）重复购买或使用。有些产品通过付费计划（有线电视公司）或自愿的多次购买，实现重复购买的模式。与之相反，很多产品和服务是有意设计成只能使用一次的，比如婚礼筹备服务。

🤔 想一想

在你的生活中有哪些商品是需要重复购买才能获得其功能的？

这些可持续增长的来源为"增长引擎"的反馈循环提供了动力。增长引擎就像内燃机一样不停地转动，反馈循环发生得越快，公司成长得越快。每架引擎都有一套内在的衡量指标，有一项很重要的指标是净推荐值。

👥 充电链接

净推荐值：NPS(net promoter score)，又称口碑，是一种计量某个客户将会向其他人推荐某家企业或某项服务可能性的指数。它是最流行的顾客忠诚度分析指标，专注于顾客口碑如何影响企业成长。通过密切跟踪净推荐值，企业可以让自己更加成功。

净推荐值最早是由弗雷德里克·雷赫德（Frederick Reichheld）的书《终极问题》提出的。他认为，我们在测度用户的黏性时，净推荐值有可能是唯一有效的工具。净推荐值指的就是产品的净粉丝量，以产品支持者的数量减去诋毁者的数量，所得净值就是预估产品未来发展空间和潜力的数值。我们在使用净推荐值这个工具时，把用户分成三类：一类是粉丝，是我们最希望得到的；一类是诋毁者，他们不但不会推荐这个产品，还会反向宣传这个产品；一类是中立者，对产品没有什么恶感，也没有什么好感，基本上持中立态度。净推荐值是指将粉丝的百分比减去诋毁者的百分比的数值，是很简单的净值表述。用户群中能够带来正向传播的力量抵消掉负向传播的力量，最终所获得的传播的净值就是净推荐值。

为什么净推荐值如此重要呢？因为净推荐值是和增长密切相关的一个指标，只有高的净推荐值，才能转化为高的推荐系数，并最终转化为我们希望的用户增长方式。而对于新创公司来说，增长有三种引擎。

2. 三种增长引擎

新创企业到底要衡量哪些数据呢？新创企业最大的潜在浪费之一是在产品上市后花时间争论如何确定下步工作的优先顺序，这种确定优先顺序的争论会消耗公司相当多的时间。事实上，公司随时都可以把精力用在寻找新客户、更好地服务已有顾客、提高整体质量或压低成本之类的工作上。增长引擎为新创企业提供了一套相对小范围的衡量指标，使企业可以集中精力。"新创企业不会饿死，而会饱死。"总有无数让产品变得更好的想法飘荡在半空，但现实是残酷的，大多数想法带来的改变微乎其微，只能算是产品优化而已。增长引擎的框架结构帮助他们把注意力集中在紧要的衡量指标上。

（1）黏着式增长引擎

黏着式增长引擎需要吸引并长期留住顾客。使用黏着式增长引擎的公司要非常仔细地追踪顾客损耗率（又称流失率）。

控制黏着式增长引擎的规则很简单：如果取得新顾客的比率超过流失率，产品将会增长。增长的速度取决于"复合率"，其实就是自然增长率减去流失率。

让我们回到本章前面提到的两家新创企业。尽管两者处在完全不同的行业，但他们使用的增长引擎相同。这两种产品都需要吸引并长期留住顾客，而两者留住顾客的潜在机制不尽相同。对于经营动漫收藏品交易的企业而言，他们必须成为狂热收藏客的首选交易平台。因为这些收藏客们经常要搜寻哪里有最新藏品和最划算的交易。如果公司的网站能按设计运作，那么顾客就会经常使用它来查询信息，并且重复访问，看看是否有新藏品在售，同时也会售卖或交换自己的藏品。

而提供数据库服务的那家新创企业所依靠的重复使用，则出于截然不同的原因。客户只是把数据库技术用作自己产品的一种基础系统，比如公司网站或销售端管理系统。一旦顾客在某个数据库技术之上开发了产品，要再换一种数据库软件是很困难的。从 IT（信息技术）行业的角度说，顾客就这样被自己选择的数据库系统供应商绑定了。这类产品要想取得增长，必须提供有吸引力的新性能，使顾客甘愿在可能相当长的一段时期内被一个专有供应商绑定。

因此，以上两个企业都需要有高的顾客保留率。他们希望顾客一旦开始使用其产品，就会接着用下去。而另一类情况则不同，比如在食品行业，顾客的口味经常变化，本周买了百事可乐而没买可口可乐，并没有什么大不了。

黏着式增长引擎的目的及重点就是让用户成为回头客，并持续使用产品。比如公司可以集中精力提供更多、更好的藏品目录，这样会激励顾客经常前来查询。或者，可以做些更直接的事，比如把限时促销或特别优惠的消息以短信形式发送给顾客。不管用什么方法，他们的焦点都必须放在提高顾客保留率上。

（2）病毒式增长引擎

具有病毒式增长特质的产品依靠人和人之间传递是正常使用产品的必然结果。顾客并非有意充当宣传者，他们不需要到处为产品说好话。只要顾客使用产品，就自然带动了增长。产品的认知度在人群中快速传播。

病毒式引擎和其他增长引擎一样，由量化的反馈循环提供动力。这种循环称作"病毒循环"，其速度取决于"病毒系数"。这是一个数学术语，这个系数越高，产品的传播速度越快。病毒系数测算每个注册顾客将带来多少使用产品的新顾客。或者说，每个顾客会带来多少位他的朋友。既然每个朋友又是一位新顾客，他们就可能会再介绍更多的朋友。如果一个产品的病毒系数为 0.1，即每 10 位顾客中有 1 位会介绍 1 个朋友，这就不是一个可持续的循环。试想有 100 位顾客注册，他们将带来 10 个朋友加入。这 10 个朋友再介绍 1 个人参加，循环就到此为止了。依靠病毒式增长引擎的公司必须关心如何提高"病毒系数"，这比其他任何事情都重要。这个数字哪怕只发生微小的变化，都会让公司未来的前景产生戏剧性改变。

如图 6-6 所示，我们来看一组数据，对比在不同推荐系数下增长曲线所产生的巨大差异。如果推荐系数只有 0.9，10 个用户只能带来 9 个新用户，就是最下面的这条平坦的曲线，这种商业模式很难成功，后续很难爆发式增长。而当推荐系数超过 1 时，10 个用户可以带来超过 10 个后续用户，就会发生指数型的增长，有可能会产生病毒式的传播效果。

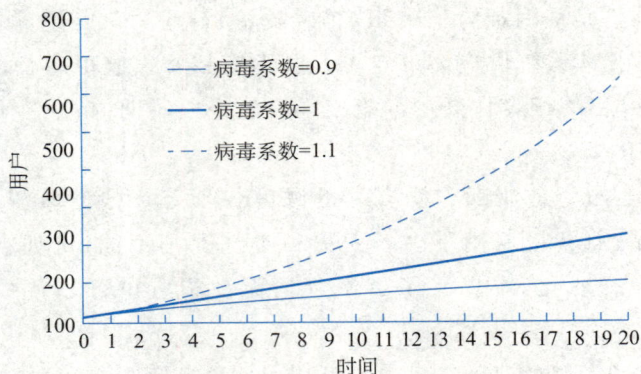

图 6-6　病毒式增长

案例

　　Hotmail 是世界上最大的免费电子邮件服务提供商，在创建之后的 1 年半时间里就吸引了 1 200 万注册用户，而且还在以每天超过 15 万新用户的速度发展，令人感到不可思议的是，在网站创建的 12 个月内，Hotmail 只花费很少的营销费用，还不到其直接竞争者的 3%。Hotmail 之所以爆炸式地发展，就是因为利用了"病毒性营销"的巨大效力。病毒性营销既可以被看作一种网络营销方法，也可以被认为是一种网络营销思想，即通过提供有价值的信息和服务，利用用户之间的主动传播来实现网络营销信息传递的目的。

　　他们是怎么做到的呢？

　　(1) 提供免费 E-mail 地址和服务。

　　(2) 在每一封免费发出的信息底部附加一个简单标签——获取免费 Hotmail 电子邮件账户。

　　(3) 然后，人们利用免费 Hotmail 向朋友或同事发送信息。

　　(4) 接收邮件的人将看到邮件底部的信息。

　　(5) 这些人会加入使用免费 Hotmail 服务的行列。

　　(6) Hotmail 提供免费 E-mail 的信息将在更大的范围扩散。

　　最后，Hotmail 以 4 亿美元的价格卖给了微软。

　　成功的病毒式增长离不开 6 个基本要素：提供有价值的产品或服务；提供无须努力的向他人传递信息的方式；信息传递范围很容易从小向很大规模扩散；利用公共的积极性和行为；利用现有的通信网络；利用别人的资源进行信息传播。由此产生的结果是，很多病毒式产品并不直接向顾客收费，而是依靠广告这样的间接收入来源。因为病毒式产品在获取新顾客和招募他们的朋友的过程中,不能有丝毫障碍。

（3）付费式增长引擎

有这样两家企业。前者从每位注册顾客那里赚取 1 美元,后者从每位顾客那里赚取 10 万美元。要预测哪家公司会成长更快,你只需要再多知道一件事:每得到一位新顾客的成本(每获取成本)是多少。如果一家使用付费式增长引擎的公司企图提高其增长率,它有两种方式可选:要么提高来自每位顾客的收入,要么降低获取新顾客的成本。这就是付费式增长引擎的工作方式。

付费式增长引擎和其他引擎一样,由反馈循环提供动力。每位顾客在其"生命周期"内为产品支付一定的费用,扣除可变成本之后,剩下的部分通常被称为顾客的"生命周期价值"。这项收入可用于购买广告,作为成长的投资。使用对外销售团队的新创企业同样依靠这种引擎,就和依靠客流量的零售公司一样。所有这些成本都应该计入"每获取成本"中。

假设一个广告花费 100 元,吸引了 50 个新客户注册使用某项服务,那么这条广告的"每获取成本"为 2 元,如果产品的生命周期价值大于 2 元,产品就会有增长。生命周期价值和每获取成本的差额决定了付费增长引擎将转动得多快。如果每获取成本还是 2 元,但生命周期价值降到 2 元以下,公司的增长就会放缓。投入资本或使用宣传噱头这种一次性的战术可以暂时救急,但这些手段并没有持续性。这正是造成很多公司失败命运的症结所在。

很多获取顾客的来源取决于竞争。比如高级零售店面有更多的客流,因此更有价值。同样,针对较富裕的顾客做广告通常比面向大众的广告成本要高。富裕消费者通常会成为利润更高的顾客。在确知产品具有黏着性和病毒性前启动这一引擎是过于仓促的行为;赚钱并不是一种驱动增长的引擎,它只是让银行里的钱越来越多,要将钱一部分用来获取新的用户。

从技术上来说,一项业务一次可以运行几种增长引擎。但是,成功的新创企业往往只关注一种增长引擎,做好所有令此引擎运作的工作。

新创企业最好每次关注一种增长引擎。如果还没想好,那么就走出办公室,花时间理解顾客就能很快知道哪种引擎可能最适用。只有当新创企业彻底运用了这种引擎之后,才来考虑是否需要转型到另一种引擎上。

想一想

你准备给你的产品采用哪种增长引擎?为什么?

练一练

　　销售的问题还是看你的产品能否解决用户的痛点，偏偏很多创业者没有做好这一点就匆匆上路，所以营销成了很多企业面临的一个大问题。因此要提前做一些准备与调研。请你们小组按照表6-1对你们的产品或者服务的简单销售做一下预测。

表 6-1　产品销售预测

主 要 内 容	产品（服务）1	产品（服务）2
竞争对手的平均价格		
我的预测成本		
我的价格		
我定价的理由		
我准备给谁折扣		
与同类型企业比较		
实地测试或者调查		

　　增长引擎是后续进行雏形产品验证的重要指标，因为它直接表明了最小可行性产品是否有增长或后续增长的潜力。我们除了用增长引擎和净推荐值进行测度的工具，一般还需要用到对比测试。这里简单介绍一下，方便大家在未来创业过程中使用。

（五）对比测试

　　对比测试又称为 AB 测试，是以客户为中心的重要体现。AB 测试的概念来源于生物医学的双盲测试，双盲测试中患者被随机分成两组，在不知情的情况下分别给予安慰剂和测试用药，经过一段时间的实验后再来比较这两组患者的表现是否具有显著的差异，从而决定测试用药是否有效。互联网公司的 AB 测试也采用了类似的概念：将 Web 或 App 界面或流程的两个或多个版本在同一时间维度分别让两个或多个属性或组成成分相同（相似）的访客群组访问，收集各群组的用户体验数据和业务数据，最后分析评估出最好的版本正式采用。AB 测试是一个反复迭代优化的过程。

1. AB 测试应用场景

（1）体验优化

用户体验永远是卖家最关心的事情之一，但随意改动已经完善的版本也是一件很冒险的事情，因此很多卖家会通过 AB 测试进行决策。常见的是在保证其他条件一致的情况下,针对某一单一的元素进行 A、B 两个版本的设计,并进行测试和数据收集,最终选定数据结果更好的版本。

（2）转化率优化

通常影响电商销售转化率的因素有产品标题、描述、图片、表单、定价等,通过测试这些相关因素的影响,不仅可以直接提高销售转化率,长期进行也能提高用户体验。

（3）广告优化

广告优化可能是 AB 测试最常见的应用场景了,同时结果也是最直接的,营销人员可以通过 AB 测试的方法了解哪个版本的广告更受用户的青睐,哪些步骤怎么做才能更吸引用户。

2. AB 测试的步骤

（1）设定项目目标即 AB 测试的目标。

（2）设计优化的迭代开发方案,完成新模块的开发。

（3）确定实施的版本以及每个线上测试版本的分流比例。

（4）按照分流比例开放线上流量进行测试。

（5）收集实验数据进行有效性和效果判断。

（6）根据试验结果确定发布新版本、调整分流比例继续测试或者在试验效果未达成的情况下继续优化迭代方案重新开发上线试验。

通过 AB 测试,能够消除客户体验设计中不同意见的纷争,根据实际效果确定最佳方案;找到问题的真正原因,提高产品设计和运营水平;建立数据驱动、持续不断优化的闭环过程;降低新产品或新特性的发布风险,为产品创新提供保障。

👥 案例

在硅谷,初创公司与行业巨头都广泛采用这种方法。谷歌是 AB 测试的主要使用者,它每年大约有 6 000 个研究项目,在研发过程中进行超过 10 000 次的 AB 测试。比如,谷歌要将公司的 Logo 移动一点,尽管是一项极其细微的调整,但它也会测试用户点击数的反应,然而决定是否应该进行这项调整。再比如,谷歌计划微调广告背景颜色的排序,它会怎样做 AB 测试呢?它会将调整之后的 B 方案应用到 0.5% 的谷歌用户,而非铺向大多数用户,继而观察调整后点击量是否有显著变化,如果确有显著变化,再进行后续调整。

亚马逊虽然已经成长为行业巨头,但它却有"AB 测试公司"的绰号。它对 AB 测试的广泛应用可用"匪夷所思"来形容,就连办公室里桌子的摆放都要通过 AB 测试来决定。它将桌子摆成不同的形状，预设一个测度的指标，通过比较不同摆放方案所得分值来决定桌子摆放的方式。使用者可以将网页形态分成不同的版本进行比较，亚马逊会将这些不同的版本推送到不同的用户群，形成数据和测度，以便决出最为有效的版本。在亚马逊的 AB 测试中，强调的是多版本的比较，并不一定仅是 A 与 B 两个版本的比较，最多可以将几十个版本同时进行比较。因此，"AB 测试公司"的称号也算实至名归。

　　某公司进行新款牙具的研发，同时制作了 A、B 两个方案（见图 6-7），这项测试先在员工内部进行，测试组共筛选了 19 名员工，其中包括 14 名销售人员和 5 名研发人员，而且企业有意提高了销售人员的比例，而不是像往常一样依赖研发人员的判断，这也是引入"用户探索"的理念，结果在 19 人中，18 人选择了方案 B，仅 1 人选择了方案 A，这是企业内部测试的结果。

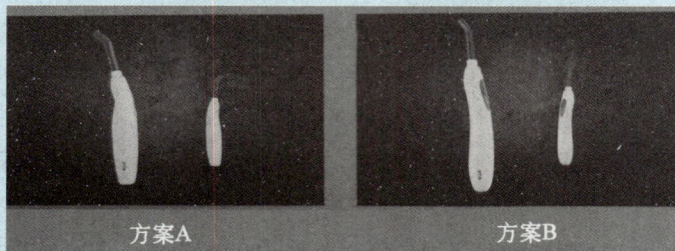

图 6-7　方案 A 和方案 B

　　然后公司又进行第二轮测试，组建了由 20 名牙医组成的天使用户群进行外部测试，而结果与内部测试大相径庭，20 名牙医中有 1 人弃权，2 人选择了方案 B，17 人选择了方案 A。那么作为企业应该如何选择呢？最后该公司选择了方案 A：如果没有天使用户，以及基于天使用户的外部测试，单纯依靠内部测试，怎么能推出成功的产品呢？所以，这个案例需要提醒大家的是，AB测试有内部测试，也有外部测试，当两者的结果反差非常大的时候，一定要特别关注。

三、创业实践

（一）实验目的

根据海盗模型和三种常见的增长引擎，练习设计营销方案。

（二）课前准备

（1）项目化教室,可容纳 6～8 组。

（2）A4 白纸、多色马克笔。

（3）精益创业画布挂布。

（4）建议用时 40 分钟。

（三）实验内容

请根据课上学习内容,分析自己小组项目,完成附录中 AARRR 营销方案的设计。

（四）总结与反思

你们的营销方式是否有创新呢?

有创意的微信公众号总能吸引我们的注意,对产品的销售和品牌的推广有很大的帮助。AARRR 模型的第一项就是吸引用户注意并获取用户,所以,请你根据用户心理、社会热点、产品优势等方面,撰写一篇推文,通过隐性广告植入的方式吸引客户,增加阅读量。进行小组间互评。

_____

_____

_____

_____

_____

_____

_____

四、自我反思

（1）我们可以根据产品的生命周期规律进行营销,那么你是否思考过,在自己的成长周期中应如何面对困难? 如何提升自己? 如何制定不同阶段的任务和目标呢?

（2）目前，你有特别钟爱的一款或几款产品（服务）吗？请写出来。

（3）请思考，这款你钟爱的产品是如何一步步占据你的生活的？

（4）请以体验者的身份，为企业写一份产品意见或建议。

在本次活动中，请从本小组的积极性、参与度、思维发散性等方面综合考虑，满分 10 分，你觉得本小组应该得多少分？你觉得自己在本次活动中贡献了多少工作？以百分数计。

自评小组得分（满分 10 分）：＿＿＿＿＿＿＿＿＿＿。

自评个人贡献率（100％）：＿＿＿＿＿＿＿＿＿＿。

五、思维训练

亚马逊的由来

杰夫·贝佐斯（Jeff Bezos）创办了全球最大的网上书店 Amazon（亚马逊），1999 年当选《时代》周刊年度人物。2019 年 3 月，杰夫·贝佐斯以 1 310 亿美元的资产排名 2019 年福布斯全球亿万富豪榜第 1 位。2024 年亚马逊位列《财富》世界 500 强排行榜第 2 位。

1986 年，贝佐斯从美国名校普林斯顿大学毕业，进入纽约一家新成立的高科技公司。两年后，贝佐斯跳槽到一家纽约银行家信托公司，管理价值 2 500 亿美元资产的计算机系统，25 岁便成为这家银行信托公司有史以来最年轻的副总裁。

1994 年，在一次上网冲浪时，贝佐斯偶然进入一个网站，看到了一个数字——2 300％，互联网使用人数每年以 2 300％的速度在增长。当时西雅图的微软公司已经初具规模，贝佐斯看到这个数字后，眼里放光，希望自己可以像微软公司一样，在 IT 行业取得成功，做网络浪尖上的弄潮儿。几周后，他拒绝了丰厚的待遇，踏上了创业之路。

到底要在网络中做什么？卖什么东西？办一家什么样的公司？他对此并没有清晰的思路。于是他跑到大街上寻找灵感。终于，有一天他看到一家书店时，一个主意在他的脑海中浮现：为什么不在网上开办一家书店呢？

亚马逊网上书店就这样诞生了！他用世界上最长的一条河流给它起了名字。

设想一下：有这样一家书店，有十几平方公里的面积，备有310万种以上的图书，可以接待500多万人次的顾客，这该是多大的书店啊！要想浏览完它所有的书目，恐怕必须要开上汽车才行。这样的设想可能让你感到吃惊，因为如此大的书店根本无法在现实中实现。然而，互联网能做到这一切，这就是亚马逊网络书店。当然，亚马逊现在不仅卖书，它已经名副其实地成为一家"百货公司"了。

练一练

增强创新意识重在日常生活的坚持和实践。请思考下列问题。

1. 日行"一创"：今天你有新发现、新创意、新问题、新假设吗？

2. 善于发问：请选出一个困扰你或者你感兴趣的问题，设想一下你准备如何解决这个问题。

3. 回顾以前遇到的难题，当时是如何处理的？现在是否有更好的办法？

> 分数大于45分：能够观察到很多表象，但对别人隐藏在外貌、行为方式背后的东西通常采取不关心的态度。

课堂实施指导画布——验证痛点 反躬内省

1. 知识要点
(1) MVP 的内涵
(2) MVP 的设计原则
(3) MVP 的验证

2. 前课回顾
(1) 三大常见增长引擎
(2) AARRR 模型
(3) 营销测试

3. 课堂目标
(1) 理解设计 MVP 的意义
(2) 掌握 MVP 制作的原则
(3) 能够利用 MVP 进行痛点验证

4. 教学资源
(1) 在线学习平台
(2) 精益创业学习手册
(3) A4 白纸
(4) 水彩笔
(5) 精益创业画布

5. 课堂组织
(1) 制作或设计本组 MVP
(2) 分组展示

6. 考核要点
(1) 学生出勤
(2) MVP 展示

7. 效果反馈
(1) 完成精益创业画布⑨模块的迭代
(2) 通过 MVP 进行产品迭代

♻ **回顾与思考**

精益创业
案例实战

1. 产品运营中的 AARRR 模型是指(　　)。

　　A. 产品访问量、降低跳失率、提高使用时长、付费转化率、回访率

　　B. 获取用户、提高活跃度、提高留存率、获取收入、自传播

　　C. 活跃用户、购买用户、付费转化、使用时长、跳失率

　　D. 新用户获取、老用户留存、付费转化、单用户贡献度、付费频率

2. 你认为在海盗模型 AARRR 中,哪个环节最重要? 为什么?

一、脑洞大开

(1) 请写出你用过两年以上的 App、游戏或者产品。

（2）你是否经历过这个产品的更新呢？

（3）如果现在获得了 100 万元的投资，你准备如何运用到你的项目中呢？

二、理论指导

创业者会非理性地爱上自己的点子，有些"坑"，不自己掉进去一次，别人讲千百次也不相信。

我们先来想一个问题，比如大家都在使用 QQ、微信、Googletalk，所以就想大家用这么多东西多麻烦，比如，有一家创业公司现在要推出一个社交网络，可以基于已有的网络，把 QQ、微信等都加到一个网络里，从此只需要登录一个软件就可以加载自己的关系网络，把所有的好友都打通，跟所有人在一个网络上聊天，而且这个软件里面还配有 3D 人物，用户有 3D 的 QQ 秀。人们手头的确有很多即时通信软件，的确有用户有这个需求，创业公司也认为用户有这个需求，于是他们就努力开发软件，这些都是很难的技术开发。

创业公司开发大半年之后，把用户找过来说，"这个程序可以把你的 MSN、QQ、微信都连起来了"，结果用户说："我为什么要连起来呢，我的 QQ 是跟朋友交流的，微信故意屏蔽了老板，MSN 是跟我的工作伙伴交流的，我还有两个QQ，有不同的分工，我为什么要把它们合并在一起呢？"这个软件推向市场之后毫无反应，用户根本不用。

这家创业公司后来反省，为什么要把 QQ、微信都连好后才调查用户需求呢？能不能在有产品创意的第一天就找个用户来问呢？公司也可以推一个空壳到市场上，推向市场的第一天就可以改了。所以这是一个很典型的"自以为有需求就认为用户也有需求"的例子，在不确定的情况下，这套方法是不管用的，是真正的浪费。

想一想

这个案例违背了精益创业的什么原则？同时思考，在实际的工作学习中，是否做过这样的无用功？以小组为单位进行分享。

　　如何验证在用户探索阶段获取的认知？在验证的过程中，要重点关注解决方案和用户痛点的匹配度。成功的解决方案需要与用户痛点高度吻合，总体来看，验证过程其实就是匹配的过程。然而，我们永远无法实现百分之百的吻合，所以在用户验证的过程中，只有通过不断的迭代，才能实现不断地向真实的用户痛点、有效的解决方案逼近。

案例

　　美柚是一款记录经期的 App，为女性健康生活提供入口，为女生提供购物、减肥、瘦身、美容、丰胸、星座、医美整形话题的交流，可在备孕、怀孕、育儿、孕期模式中切换。美柚是中国目前最大的女性移动社区，用户超过 2 亿，日活跃用户近千万，拥有 160 多个高活跃女性话题圈，社区日均互动量超 500 万，日均浏览量超 1.6 亿次。美柚为女性提供了一种新的生活方式。

　　2013 年 3 月，10 个人的团队花了一个月的时间，完成了第一个版本的美柚，最基本的功能就是帮助用户记录基本的月经周期，根据过去的数据预测未来的数据，这就是美柚的起点。上线一周后流量就过万，安卓不到两周激活量超过了 20 万。每一个女性都需要经期管理功能，而且每个月都需要。通过记录这一个点的突破，解决用户痛点，美柚迅速积累了第一批用户。

　　三个月后美柚推出了第二个版本，在 1.0 版本的基础上增加了"贴士"功能，这是一个非常简单的功能，提供保健、怀孕、育儿以及一切与女性相关的知识。

　　从 2013 年 7 月到 10 月，美柚增加了她圈社区功能。分享与倾诉是女人的天性，美柚为女性圈出一个她的国度。社区中的讨论主题都和女性密切相关，从化妆、厨房、减肥，到孩子的成长，其中最受欢迎的居然是婆媳讨论区。美柚完成了从基本记录功能、介绍小知识向社区的拓展。每一个功能的延展都不是美柚团队自己想象出来的，而是用户催生出来的，是用户在背后推动着功能的发展。

　　美柚已经形成了一个完整的生态圈，包括记录、分类别的知识、社区以及商业化运作，甚至流量变现。美柚从 2013 年 3 月起步，到 2014 年 3 月，一年时间内完成了多次迭代，每一个大版本的迭代在两三个月的时间内完成，而小版本的迭代则是以周甚至以天为单位进行。2014 年 5 月 6 日，厦门美柚信息科技有限公司公布企业新福利，公司内女员工将享受每月半日的带薪"姨妈假"，可提前一周通过美柚预定，不影响正常考勤。该福利一经公布便引发众网友热议，网友纷纷表示"好贴心，我也要'姨妈假'"。

美柚通过对 1 亿左右的用户样本做了一个关于"消费趋势"的调研，调研发现，网际网络时代，女性亚文化意识逐渐被解放，她们更擅长利用网络的碎片化时间，也更愿意与他人交流、沟通、分享情感。女性的需求和意愿的发声，在网际网络时代被充分放大。而女性的一生，在不同的生命周期呈现出不同的需求和意愿，主要表现在健康需求、情感需求、形象需求和家庭责任感的迭变。

2019 年，美柚登上了"中国互联网企业 100 强"的榜单。2021 年月活跃用户数突破 4 000 万，2022 年美柚 App 海外版正式上市，2024 年获"2024 胡润全球瞪羚企业"，目前已经迭代到 8.0 版本。

假设你有了一个很棒的想法，可以开始构建一个产品了，更准确地说，是构建一系列产品功能，使其能以最小的成本和风险实现你的产品目标。接下来就讨论一下如何从一个"想法"变成一个"最小可行性产品"。我们对待自己的点子时，会变得不客观，在不客观的情况下，很难说服用户，而往往只有来自市场一线的最直接的痛，才能使我们清醒。

如何避免创业的浪费呢？一般有三种方法：首先是团队深入讨论，但深入讨论有时也没什么用，因为谁都能讲出一番道理；其次是请教专家；最后是用户调研。要避免这样的浪费，还可以通过试验进行验证，有一个方法可以判断我们的产品是否可行。想象一下，假如产品现在已经发布一年半了，这个产品已经失败了。我们来检讨一下失败的原因，把所有的原因都列出来。如果现在可以用 10 000 元、1 000 元，两周时间、五周时间，逐一解决存在的问题，那么这个项目的可行程度不就提高了吗？

我们先把可能失败的原因找出来，用更低的成本验证，把这些病因都排除，就知道这个点子是可行的，可以好好地在这个点子上投入资源，进行培养。

（一）MVP

1. 什么是 MVP

精益创业方法论主要包括用户探索和用户验证，这两步基本构成了精益创业的完整框架。它始于用户探索，但并不终止于用户探索，我们需要带着用户探索环节进入用户验证环节。在用户验证过程中有一个最关键的工具——MVP，也就是"最小可行性产品"，是针对天使用户的最小功能组合。

埃里克莱斯在其著作《精益创业》一书中提出了"精益创业"（Lean Startup）的理念，其核心思想是：开发产品时先做出一个简单的原型——最小化可行产品（MVP），然后通过测试并收集用户的反馈，快速迭代，不断修正产品，最终适应市场的需求。MVP 对于创业团队来说很重要，可以快速验证团队的目标，快速试错。做 MVP 往往并不是为了测试产品在技术层面是否可行，其根本是要不要做这个产品。更重要的是，该产品是否解决了实际问题，是否有人愿意花钱购买。

最小可行性产品

想一想

根据图 7-1，我们要验证"汽车"这个产品是否有市场需求，该如何做。用自己的话说一说什么是"最小可行性产品"。

图 7-1　最小可行性产品

MVP 的定义透露了两个关键点：①它并不针对所有用户，而是只针对天使用户，就像前文所谈的 Amazon Fresh，它主动过滤和筛选用户；②它并非一个庞大复杂的功能组合，只是一个最小、最基本的功能组合。所以 MVP 是针对最小用户级的最小产品级。所以，MVP 在用户和产品上都选择了最小的切入点。值得注意的是，最小功能组合虽然是 MVP 的关键点，但不是这个工具的核心。MVP 的核心是验证用户需求是否得到满足，而不是解决方案本身。

MVP 的功用就是用来接触用户，从最初就根据用户的反馈改进产品。只保留最核心的功能（能不要的都不要）；只服务最小范围的用户（能不管的都不管）；只做最低范围的开发。最常见的错误就是窝在家里做没人要的产品，却自以为很有市场。成功的经验是，用户要的东西往往是非常容易做的，但却是最容易被忽略的，如果不从一开始就跟用户接触，很难知道这些内幕。

2. 为什么要设计 MVP

（1）验证需求（MVP 1.0）

当你想到一个好的创业点子，会想把它变成一个商业产品。但是个人理解的好的创业点子一定可行吗？是否能做出成品？是否具有商业价值？这都是需要考证的。MVP 1.0 就是来验证这个需求是真需求还是伪需求；属于高频需求还是低频需求；是否会有一定规模的用户群体使用。

（2）验证主流程（MVP 2.0）

如果我们验证好的创业点子的确是一个真需求、有一定的用户群体，并且可执行落地，那么要怎样去高效地执行落地呢？

（3）验证最佳方案（MVP 3.0）

当一个成熟的 MVP 2.0 产品已经落地实现了，接下来在完善它的时候，遇到新增一个功能会有 N 个方案，应该如何选择最佳方案成了一个难题。

3. MVP 验证假设

用 MVP 验证两个基本假设的过程可以分为三步（见图 7-2）。①MVP 的设计，服务天使用户这一最小规模的用户群，提出一个最小级别的产品功能。②数据的收集和测度，并且与预设的指标进行比较。③学习与迭代，在此过程中不断获取认知。在用 MVP 验证基本假设的过程中，关键点之一就是速度，用最快的速度获取认知，同时放弃一切无助于认知的功能。换句话说，MVP 要求在用户上聚焦于天使用户，在产品功能上聚焦于最小级别的产品功能，这是 MVP 的核心。

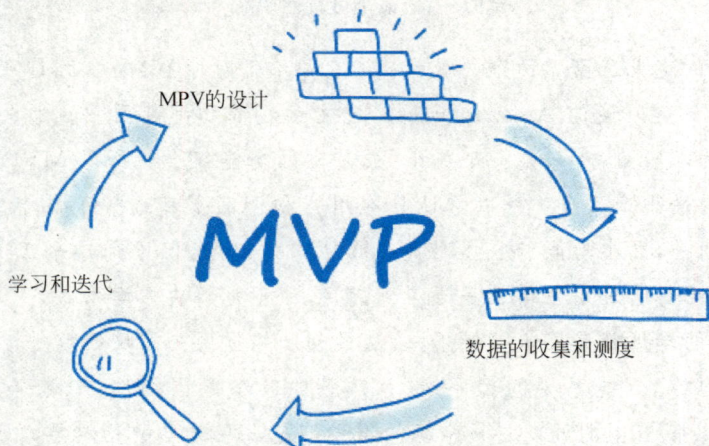

图 7-2 MVP 验证假设

　　用户探索阶段是第一个反馈环,用户验证阶段是第二个反馈环。这个反馈环也是不断地往复循环,在迭代中不断深化认知以及对用户的理解。这是第二个非常关键的反馈环。

　　"精益创业"反复强调两个观点。①MVP只针对早期的天使用户,这群人对产品有更高的容忍度,能够看到产品的未来,愿意互动,一起改进产品。②在产品功能上,建议把想象中的产品分成两半,再分成两半,才可能达到真正的最小功能组合。可见,MVP在用户和产品上都选择了最小的切入点。

　　总之,按照常规的开发方式,从调研、到设计、到开发再到推向市场,是一个漫长的过程,而且没有人会保证成功。而换一种方式,以MVP进行小样调研,快速进入市场、接触客户并得到反馈,透过反馈不断修改原型,并进行不断地迭代开发,可以极大地减少试错成本。

充电链接

测试 MVP 的方法

　　MVP的复杂程度取决于所创建的产品类型。MVP类型多样,简单的如模糊关键词测试,复杂的如早期产品原型测试。一旦决定了MVP要测试的假设类型,就可以使用以下的测试技巧,从实际的使用者身上得到可靠的数据并利用这一数据。

　　1. 用户访谈

　　在《四步创业法》中谈到了用户访谈,一个客户访谈的重要环节是可以通过真实的用户测试假设是否成立。用户访谈不是照本宣科,而应围绕产品所要解决的问题而提问。访谈应该是有探索性的,而不是为了兜售产品或者创意。这个过程可以是,把你的产品能解决的问题都列下来,然后询问用户它们是否有效,还可以询问用户怎样排列这些问题的优先级。

　　2. 页面首页

　　当访客或者潜在用户受某个渠道影响接触到产品的时候,网站"首页"是他们最先看到的页面。这是个营销的机会,可以介绍产品的特点并引导用户注册,基于同样的原因,首页也是个绝佳的MVP,可以帮你测试产品和现实市场期望的差距。

　　登录页面经常仅仅被当成了美化的邮箱登录页面,但其实可以有更广泛的用途,如测试产品。登录页面可以用来衡量需求,包括产品特点和价格计划等,而非简单地创建邮件列表。方法很简单,只需在功能页和注册表之间额外插入一页；插页会展示出价目表，访客就可以选择吸引他们的方案了。这些多出来的点击量不仅显示出访客对于产品的兴趣点，而且为产品团队提供了真实的数据，从中了解哪类价格更能迎合市场需求。

3. A/B 测试

A/B 测试用来测试产品或市场营销策略变化的有效性。可以用各种分析工具测试访客对设计方案的反应，有助于在需要提升产品时做出决策。A/B 测试让你有机会测试两种版本的页面或市场副本，通过与访客的互动决定哪款产品可执行性更高。一部分访客看 A 版本，剩下的访客看 B 版本，然后，用分析工具（如 Optimizely、Unbounce 或者 Google Analytics）得到的数据来衡量每种版本的表现，有多种维度可以参考，如跳出率、转换率和使用率。

4. 广告活动

和我们的直觉相反，广告活动是进行市场有效性调查的好方法。Google 和 Facebook 提供了平台，让你能够深度挖掘目标用户的统计信息，同时可以进行一次低保真度的测试，测试产品中哪些特点或者哪部分对访客最具有吸引力。通过这些服务进行广告活动可以为你提供一系列数据，比如点击率和转换率，这些信息相当有价值，可以决定产品的类型和方向。广告活动可以和 A/B 测试结合使用。

5. 众筹

众筹提供进行 MVP 测试的平台。这些网站本质上来说是 MVP 的集散地，可以通过筹款活动中客户的贡献度来判断人们的兴趣点。这项活动把验证性学习的优势和众筹结合起来，甚至有机会接触到一群对产品感兴趣又积极参与的早期使用者；同时，这也是建立口碑的好时机，能得到持续不断的反馈。

6. 产品演示视频

如果一张图能表达出 1 000 个字的意思，那么一段展示用户产品体验的视频就能表达出 10 000 个字的意思。创业公司用产品演示视频来验证市场并销售 MVP 的著名案例就是 Dropbox。

例如，Dropbox 开发者用 3 分钟左右的视频展示了 Dropbox 的预期功能，直接结果就是注册量一夜之间从 5 000 人激增到 75 000 人，并且发生在没有实物产品的情况下。当然，如果目标用户是技术娴熟的早期使用者，这种方法也同样有用，因为他们喜欢视频本身的各个小彩蛋和小幽默。

7. 拼接 MVP

比起完全自建,可以通过将市场上现有的工具和服务组合起来变成一个可运行的产品小样,用于向用户传递你希望的产品体验。与其花费时间和精力自己开发基础设置,不如借用现有的其他平台和服务先做出一个基础产品,高效利用各种来源的功能碎片制作出属于你的产品样式。

8. 定制 MVP

定制型测试告知潜在用户这个是人为干预的,并且这样的产品或服务会作为一个定制化的服务交给特定的客户。Rent the Runway 在测试他们的在线礼服裙租赁业务模式时,提供了女子大学在校生亲身体验的服务,她们可以在租裙子之前试穿想要租的礼服裙。这种方法验证了他们认为女性会租裙子这个假设。

时间很宝贵,特别是在初创阶段。相比将资源投入建立一个真正的产品,这些 MVP 的测试能够在一开始就回答一个很重要的问题:你在做的事情客户是不是愿意使用并为之买单?

9. 电子原型

实物模型、框线图以及产品原型以最接近产品实际用途的方式展示产品的功能。这些原型类 MVP 涵盖了最模糊的草图、功能预览截屏,以及更加复杂的"傻瓜型"应用,来模拟用户的产品体验。

10. 实物原型

和电子版原型差不多,纸上的原型是用物理线条、折纸,或者是草图来展示产品以及产品的客户体验。

纸质原型对于 MVP 测试的优点是它们能够被团队的任何一个人使用,从产品经理,图形设计师,投资人到最终客户。纸质原型只需要很少的解释,因为有最真实的产品代表物。

在某种程度上,制造一个 MVP 是在增加额外的工作,因为这个过程需要投入大量的时间和精力。因此,在创建 MVP 的时候不要纠结没意义的管理细节。这一点很重要。

事实上,MVP 的目的在于弄明白投入的努力是否值得,并且不在对客户毫无用处或者客户不愿花钱的事情上浪费时间。

还有一点需要注意,在测试假设时,你也许需要考虑使用多个 MVP 测试的技巧。毫无疑问,适合你的业务模型和市场的最佳 MVP 是多种多样的。

案例

　　Dropbox 成立于 2007 年，始于创始人德鲁·休斯敦（Drew Houston）自己上下班时的痛点：无法用移动设备获取计算机中的文件。为解决这个问题需要克服重大的技术障碍，且投入成本暂时无法预估。

　　本地的文件自动同步到 Dropbox 的云端服务器保存，也可以从云端将上传的文件下载到本地——Dropbox 通过云计算实现了互联网上的文件同步，用户可以通过它储存和分享文件。举个例子，用户在 A 计算机使用 Dropbox，指定文件夹里的所有文件会自动同步到 Dropbox 的服务器。当用户使用 B 计算机时，只要 B 计算机中同样有 Dropbox 的客户端，用户就可以登录 Dropbox 账户，将之前同步到云端的文件下载到 B 计算机。如果用户在 B 计算机上对原文件进行修改，修改也会同步到云端，也会体现到 A 计算机上。也就是说，只要可以登录 Dropbox 的账户，文件可以随时随地保持更新。Dropbox 的这项功能不仅代替了 U 盘的作用，并且可以有限避免因为设备损坏而带来的文件损失，相当于给储存在本地的资料加了一道保险。

　　Dropbox 提供免费和收费两种业务。个人用户可以通过申请 Dropbox 的账户，免费获得 2GB 的储存空间。收费业务主要针对储存空间有进一步要求的个人及企业，对应的业务为 Dropbox Pro 和 Dropbox for Business。

　　德鲁·休斯敦是 Dropbox 公司的首席执行官。这家位于硅谷的公司开发了一种非常简单易用的文件分享程序。安装了该应用程序后，计算机上会出现一个 Dropbox"收纳盒"文件夹。任何拉入文件夹内的资料都会自动上传至 Dropbox 的服务器，然后即刻复制到你所有的计算机和设备上。由于该产品需要精通技术的人才能开发，所以公司的初创团队是由工程师组成的。比如，它需要整合不同的计算机平台和操作系统，如 Windows、Macintosh、iPhone、Android 系统等。要深入每种系统的内部实现这些应用，就必须有专业技能知识才能创造出不同凡响的用户体验。实际上，Dropbox 软件最大的竞争优势之一在于，它的运行非常顺畅，以至于令对手难以超越。Dropbox 公司的这群人并不是人们观念中的营销天才，事实上，他们中没有人从事过市场销售工作。他们有很强的风险投资方面的背景，人们原以为他们会用标准的工程思考方式来建立业务，即把产品开发出来，业务自然就来了。但是 Dropbox 实际采用的方式却出人意料。

　　这些创业者在开发产品的同时想要获得顾客反馈，了解顾客真正在意的是什么。Dropbox特别需要检验它的"信念飞跃"式概念：如果我们能够提供一种超级顾客体验，人们会不会试用我们的产品？他们相信，文件同步是一个大多数人没有意识到的问题（后来发现确实如此）。一旦体验了相应的解决方案，你简直无法想象生活中怎么可以没有它。这不是一个你会想到的创业问题，也不要期望从小组用户访谈中得到答案。顾客往往不知道他们想要什么，听到Dropbox的概念时，他们很难明白这到底是怎么回事。筹措创业资金的时候，休斯敦遭遇了不少挫败才意识到这一点。在一次又一次的会议中，投资者都说，已有产品充斥了这个"市场空间"，没见谁赚到多少钱，而且，文件同步也不是什么重要的问题。休斯敦会问："你亲自试用过那些产品吗？"如果他们称是，他会问："你觉得它们运行顺畅吗？"回答几乎都是否定的。但是一次次的会议之后，风险投资家们还是无法想象休斯敦的理想究竟是什么。而休斯敦则坚信，如果这个软件能"神奇地运行"，顾客自然会蜂拥而至。

　　他的挑战在于，根本不可能以原型产品的形式展示一个运行的软件，实际产品需要克服重大的技术障碍，并且产品中的在线服务部分也需要做到高度可靠和有效。为了规避风险，以免开发多年之后才发现产品没人想要，休斯敦的对策出乎意料的简单：他拍了一段视频。

　　这是一段普通又直观的3分钟视频，针对技术圈内的早期使用者演示了该技术的工作情况。休斯敦亲自给视频配了旁白。当描述到他要同步的文件种类时，观众可以看到他如何用鼠标操作计算机。当然，如果注意看，你会发现他挪来挪去的那些文件中有很多小幽默，这正是圈内人喜欢的类型。休斯敦回忆道，"这个视频吸引了几十万人访问我们的网站。产品公测版的等候名单一夜之间从5 000人上升到75 000人，让我们又惊又喜"。时至今日，Dropbox是硅谷炙手可热的公司之一，其身价已超过10亿美元。

（二）验证

案例

"今夜酒店特价"

　　以下是任鑫的"今夜酒店特价"案例。

　　2011年我们开始做"今夜酒店特价"项目（图7-3），想法很简单——做酒店业的奥特莱斯，酒店业的唯品会。每天晚上酒店都有大量剩余空房，我们想

图 7-3 "今夜酒店特价"项目

把这些空房用超低折扣买下来，通过 App 渠道低价销售给用户，帮酒店清除库存，为顾客找到实惠，我们从中抽取佣金，实现三赢。我们的预想特别完美，以为可以像火箭一样一飞冲天。我们在市场上获得了极大的反响，我们的应用在 2011 年 9 月 21 日上线，第二天就冲到了苹果 App Store 排行榜总榜的第二名，超过了 QQ、水果忍者。那几天的微博、TMT 圈几乎全在讨论这款 App，当然也有很多人说一款做得这么丑陋和愚蠢的 App 为什么能够得到这么多讨论。接下来，我们获得了包括中央电视台在内的 200 多家媒体的报道，所以在舆论上我们也非常成功，瞬间获得了百万级的用户。我以颠覆者的形象出席各种大会，被《福布斯》报道，进了各种榜单，还有各种光鲜亮丽的事情。我要为公司做宣传，说明我们是很有希望的一家公司；我还要融资，因此在外面要挥斥方遒，说我们打算如何颠覆这个行业，打算一步两步三步怎么做。然而，回到家里看到当天的业绩只卖了 23 单，一共赚到 300 元钱，大概还不够给我一个人付工资时，感觉非常凄凉。

我们本来预想，前 6 个月应该是一飞冲天，然后缓慢增长，接下来我们再找到另外一个突破点，再次一飞冲天。我们觉得对市场的分析没有错，我们的计划也比较可行，但是结果为什么会是这样呢？为什么 6 个月辛辛苦苦做出来的东西，每天就这么寥寥几十单呢？

2013 年，我们终于建立了自己的后台运营团队。但不到年底就支撑不住了，然后我们裁掉了整个团队。这相当于解散了公司的大部分人力。我们忘了，体量增大之后，保持高速增长更困难。

有段时间我们总觉得自己会做成一家大公司，我们很快就会变得很大，需要很多人。尽管当时我们只有 50 多个人，我们还是在上海市中心租了一套可以容纳 100～150 人的现代化办公楼，结果办公室里一直空着一半的位子。最后只好赔了违约金，撤退到了一个地段偏僻的园区内。

我们还犯了一个冒进的错误，理所当然地以为一切都会按照我们的预期发展。实际到了后期，移动互联网的营销成本非常高，想要完全靠自己与携程竞争的想法非常困难。

我们只是有了一个"今夜酒店特价"创意就开始做了。现在想来，其实存在很多不成熟的地方。比如一开始，我们坚持只做手机支付，但每 20 个选择手机支付的用户中，有 19 个支付失败。头两个月我们一直在纠结是不是支付平台的问题，不断地和各个支付平台谈合作，但是最后发现，是用户当时还不习惯在手机上直接支付。

另外，初创公司应该保持低调，以用户和产品为先。回想当初，我们不应该大张旗鼓地做宣传，包括发动许多大 V 朋友帮忙转发推广。在第一版产品上线的第二天，我们的下载量就冲到了 App Store 排行总榜的第二名，我们很早就有了 100 万用户。但是大家提到"今夜酒店特价"不会觉得这是一个好用的 App，相反，他们的印象是酒店选择太少、支付程序不方便、程序设计太丑。

任鑫认为精益创业应该这样做：

（1）不要盲目自信。在产品研发、创意执行之前，应用最低的成本、最快的方法进行市场测试，或在小范围内先进行试验。

（2）让公司更"轻"。保持灵活度，不要犯冒进的错误，为自己留后路。随时根据试错结果调整方向。

（3）在"轻"中寻"重"。在用"轻"的方式广泛试错的过程中，找到公司应该集中精力去做的"重"点，形成他人无法超越的门槛。

在传统的世界里，我们会觉得目标已知，现状已知，所以路径也是已知的。比如，在传统的世界里，如果要钢材，用什么矿、怎样炼钢，早就有了成熟的方案，可以大致推算需要买一个什么矿，建一个什么厂，需要招聘多少人，需要买哪家公司的流水线，有哪些工作岗位。目标、现状、计划都是已知的，这就是传统的世界。

传统世界里解决问题的方法是，先分析问题，得到若干意见，然后开始着手推出产品并维护，这是传统的瀑布流模型。传统的世界就像参加奥运会，我是跑步选手，终点已知，赛道已知，现状已知，现在要做的是什么？就是跑步，跑得快就可以了。

但是在不确定的世界里，也就是在创业者面对的世界里，假如我们想做一件创新的事，很有可能跑到终点时会发现没人给你奖牌。在不确定的世界里，用户可能就没有这个需求，那你跑到终点的意义又是什么呢？

在真实的世界中，问题和解决方案都是未知的，一切都是一团迷雾，我们应该如何在迷雾中寻找用户的痛点呢？

精益创业不是帮我们跑步，而是帮我们找路；它不是帮我们成长得更快，而是帮我们减少停滞和向下的时间，转向更准，调整更快。

1. 学习经过验证的认知

创业就是在亚马逊丛林探险，探险重要的是什么？是跑得快吗？不是，创业最重要的是找对路，知道哪里有水，哪个方向可能有人家，哪里有毒蛇。找到路，远远比跑得快更重要，所以如果我们以百米冲刺的精神在亚马逊丛林快跑，只是浪费体力和粮食，跑得越快，失败得也就越快。学习才是我们生存发展的动力。

在亚马逊丛林中最重要的是学习，认识这个丛林到底什么样，学习丛林里的道路是什么样，所以我们应该通过大量的实践来学习，只有通过实践，才能得到经过验证的认知。

但很多时候学习会成为一个借口，比如创业者做了一个营销活动，效果不好，市场总监汇报说活动效果不好，但团队从中学到了应该怎么做社会化媒体营销。这听起来好像有道理，又好像是给失败找个理由。所以学习应该是学习一种经过验证的认知，应该像做试验一样，提前就知道要验证的假设是什么，会看的数据是什么，提前设定好参考值。做完试验之后，我们对比实际数据跟参考值，然后说我们学到了东西，这才是正确的。

⛓ 充电链接

认知学习法

认知学习理论是通过研究人的认知过程来探索学习规律的学习理论。主要观点包括人是学习的主体，主动学习；人类获取信息的过程是感知、注意、记忆、理解、问题解决的信息交换过程；人们对外界信息的感知、注意、理解是有选择性的；学习的质量取决于效果。主要的观点如下。

（1）学习的本质是构建网络结构的知识。建构主义认为，学习是学习者在一定的情境下，利用自己已有的经验，建构其网络结构知识。学习所获得的知识并非完全是结构化的，它是围绕着关键概念的网络知识结构，包括事实、概念，以及有关的价值、意向、过程知识等。其中关键概念是结构性知识，而网络的其他方面含有非结构性知识。

（2）学习是主动的意义建构过程。主动建构是指学习不是学生被动接受老师所传授的知识，而是学生自己构建知识的过程。

理论贡献：认知学习理论为教学论提供了理论依据，丰富了教育心理学的内容，为推动教育心理学的发展立下了汗马功劳。

（1）重视人在学习活动中的主体价值，充分肯定了学习者的自觉能动性。

（2）强调认知、意义理解、独立思考等意识活动在学习中的重要地位和作用。

（3）重视了人在学习活动中的准备状态。即一个人学习的效果，不仅取决于外部刺激和个体的主观努力，还取决于一个人已有的知识水平、认知结构、非认知因素。准备是任何有意义学习赖以产生的前提。

（4）重视强化的功能。由于认知学习理论把人的学习看成一种积极主动的过程，因此很重视内在的动机与学习活动本身带来的内在强化的作用。

（5）主张人的学习的创造性。布鲁纳提倡的发现学习论强调了学生学习的灵活性、主动性和发现性。它要求学生自己观察、探索和实验，发扬创造精神，独立思考，改组材料，自己发现知识、掌握原理原则，提倡一种探究性的学习方法。强调通过发现学习来使学生发挥潜力，调节和强化学习动机，牢固掌握知识并形成创新的本领。

2. 打造自进化的组织

组织建设的真正目标是打造一个可以自进化的组织。从创业的角度来讲，创业公司跟大公司相比很多方面都没有优势，人少，组织不成熟。那么跟大公司相比可能存在什么优势呢？就是创业公司灵活，跑得快、学得快，可以看到别人没有看到的路。可是为什么大公司看不见，而小型创业公司看得见呢？原因就是跑得勤快，做的试验比大公司多一点。如何可以跑得勤快一点，看到的路比大公司更多一点呢？回过头来看，开始项目时会考虑哪些问题？看到了问题，用户是不是也觉得这是个问题呢？用户在乎吗？现在解决方案的缺点是什么？找到用户了吗？他们会向创业公司购买吗？等等。

创业的目的是探索出可复制和可升级的商业模式；创业公司真正的能力是"学习"的能力；创业公司真正的积累是"可验证的认知"。

本质上，精益创业给了我们一个更长的跑道。在这个跑道上，最重要的不是有多少钱，有多少时间，而是有多少资源，可以转型多少次。比如说创业公司有500万元和5个月时间，如果能够用100万元和一个月尝试一个方向，就可以转型五次。但如果 5 个月只能做一次尝试，就只有一次机会。必须快速上线，快速验证，不以赞同和反对的人数作为判断依据，而是以实际的市场反馈作为调整的依据，一定要调整得够快，这样才可以赢得更多的转型时间，延长通向成功的跑道，就更有可能真正地起飞。

所以要以最小可行性产品（MVP）开始，以学习循环加速，以解决问题稳定。

三、创业实践——MVP 的制作

（一）实验目的

根据 MVP 设计的原则和验证方法，熟悉 MVP 的制作，理解 MVP 的意义。

（二）课前准备

验证最小
可行性产品

（1）项目化教室，可容纳 6~8 组。

（2）A4 白纸或者卡纸、多色马克笔。

（3）精益创业画布挂布。

（4）建议用时 45 分钟。

（三）实验内容

最小可行性
产品的设计

（1）小组内部讨论，根据本小组项目类型，确定 MVP 类型，可采用实物或视频。

（2）在书后的练习页上写下或画出方案。

（3）设计制作初步的 MVP，并进行小组展示。

（四）总结与反思

请团队思考并设计：如何快速验证自己的 MVP？

四、自我反思

（1）本小组是否找到了自己的门槛优势？

（2）小组间讨论思考：MVP 是否适合所有的创业项目？是否存在弊端？

在本次活动中，请从本小组的积极性、参与度、思维发散性等方面综合考虑，满分 10 分，你觉得本小组应该得多少分？你觉得自己在本次活动中贡献了多少工作？以百分数计。

自评小组得分（满分 10 分）：＿＿＿＿＿＿＿＿＿＿＿＿。

自评个人贡献率（100％）：＿＿＿＿＿＿＿＿＿＿＿＿。

五、思维训练

麦当劳的选址原则如下。

（1）针对目标消费群。麦当劳的目标消费群是年轻人和儿童。所以在布点上，一是选择人流密集的地方；二是在年轻人喜欢光顾的地方。

（2）着眼于今天和明天。麦当劳布点的一大原则是二十年不变。所以对每个点的开设与否，都经过了 3 个月到 6 个月的考察评估后再作决策。重点考察是否与城市规划发展相符合，是否会出现市政动迁和周围人口动迁，是否会进入城市规划中的红线范围。有发展前途的商业街和商圈，新辟的学院区、住宅区，是布点考虑的地区。

（3）讲究醒目。麦当劳布点都选择在一楼的店堂，透过落地玻璃橱窗，让路人感知麦当劳的餐饮文化氛围，体现其经营宗旨——方便、安全、物有所值。由于布点醒目，所以便于顾客寻找。

星巴克的选址原则如下。

消费人群的考量是星巴克选址的唯一标准。当市场开发部门通过一系列考量列出备选项目之后，实地考察各个项目周边有无喝咖啡的人群便是选址人员着重需要做的事情。

显然，如何在人流中判断出喝咖啡人群的大致数量至关重要。通常而言，可以从项目地理位置和周边商业设施的档次进行推算。基于有喝咖啡习惯的人们大多有一定的经济实力，因此在高档写字楼集中的商务区域、休闲娱乐场、繁华的商业区等地方喝咖啡的人群一定比其他地方数量多。

练一练

全球最古老的企业——日本山梨县西山温泉庆云馆始建于公元 705 年，至今已有 1 300 多年的历史。这里的温泉一直到今天都可以供人使用。这家酒店已经在同一家族中传承了 52 代，而它成功的秘诀是一种代代相传的荣誉感，甚至一些岗位在他的家庭里也传了好几代，从父母传给儿女，再传给孙子。不变的是这些员工的忠诚与勤劳。他们投入自己的全部，具有优秀的服务精神，而这种精神源于保护温泉酒店的共同愿望。

仿照"全球最古老的企业"，请大家查找资料，总结"全球之最"的企业并分享。

分数小于45分：基本上可以认为你不喜欢关注周围的人，不管是他们的行为还是他们的内心。你要留意自己社交生活是否存在某些可能的障碍。

课堂实施指导画布——初成画布 模拟路演

1. 知识要点
(1) 回顾精益思想
(2) 精益创业画布完善

2. 前课回顾
(1) MVP 的含义
(2) MVP 设计原则
(3) MVP 测试方法

3. 课堂目标
(1) 精益创业案例分析
(2) 精益思想的内涵

4. 教学资源
(1) 在线学习平台
(2) 精益创业学习手册
(3) A4 白纸
(4) 水彩笔
(5) 精益创业画布挂图

5. 课堂组织
(1) 讲顺精益创业框架
(2) 分组路演展示精益创业画布

6. 考核要点
(1) 学生出勤
(2) 精益创业画布展示

7. 效果反馈
(1) 完成精益创业画布模块的迭代
(2) 完成实践手册

初成画布　模拟路演　模块八

一、知识回顾

精益创业的核心思想是,先在市场中投入一个极简的产品原型,然后通过不断学习和有价值的用户反馈,对产品进行快速迭代、优化,以不断适应市场。具体有以下几个关键点。

（1）用户有什么需求？用户是否愿意为这个需求买单？你提供的产品是否可以满足用户的需求？你的营销方式能否低成本、高效率地获得用户？

（2）通过 MVP 和可帮助判断的数据检验你的假设,若成功,则继续运营;若失败,则反思转型。

（3）快速实践是检验产品的唯一标准。

一个新产品的推出,可能是灵机一动的产物,也可能是大量市场调查的结果,不过能否被市场接受关键在用户,所以用户决定了产品的命运。在如今快速变化的市场环境下,早期的收集用户反馈,从某种程度上降低了产品方向性错误的风险。产生的"产品原型"和"概念验证"都只能代表当时对用户和市场的理解,之前的设计有可能已经不再适合现在的发展。

误区与局限

精益创业的关键在于避免因路线错误而造成巨大的浪费,通过建立一种开发、评估、学习的文化和机制,快速假设、快速验证、快速调整,有序地进行产品的演进和开发(见图 8-1)。大多数时候我们开始一款产品的研发时并不清楚用户真正需要的是什么,也不清楚适合用户的产品或者方案是什么,甚至有时都不清楚我们的用户是谁。因此,先要提出一些假设,通过快速验证这些假设找到正确的方向。假设一:用户假设——假设用户有某种需求。为满足用户这种需求,提出假设二:问题假设——用户遇到了问题(痛点)。有了问题就需要解决方法,于是提出假设三:方案假设——假设我们的方案可以解决用户的问题。只有真正为用户解决痛点、带来方便与愉悦的产品,用户才会愿意打开自己的钱包进行消费。

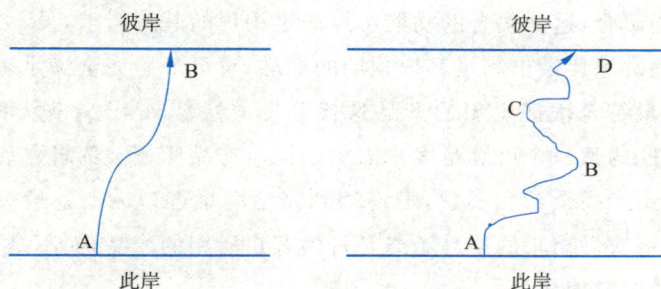

图 8-1　避免错误路线

用户探索是所有创业的起点,用户验证的对象是在用户探索过程中形成的基本假设,方法是 MVP 以及天使用户的参与,不断迭代及循环(见图 8-2)。用户探索这个反馈环一般从头脑风暴开始,通过访谈和观察深入洞察用户的需求,最终形成学习的闭环。用户验证这个反馈环一般从设计 MVP 开始,对 MVP 的效果进行度量,通过学习和迭代,完成这个反馈环的闭环。所以不管是用户探索还是用户验证,焦点都不是如何快速、封闭式地开发产品,而是如何把用户纳入创业过程中,如何和用户不断互动从而获取认知,而这些认知往往是封闭开发中根本不能得到的。

生产最小可行性产品(MVP)是一种避免开发出客户并不真正需要的产品的开发策略。该策略的基本思想是,快速地构建出符合产品预期功能的最小功能集合,这个最小集合所包含的功能足以满足产品部署的要求并能够检验有关客户与产品交互的关键假设。该概念由埃里克莱斯在其著作《精益创业实战》中提出,用最快、最简明的方式建立一个可用的产品原型,这个原型要表达出你的产品最终想要的效果,然后通过迭代完善细节。

MVP 不是每次迭代做出产品功能的一部分,而是每次迭代都要交付一个可

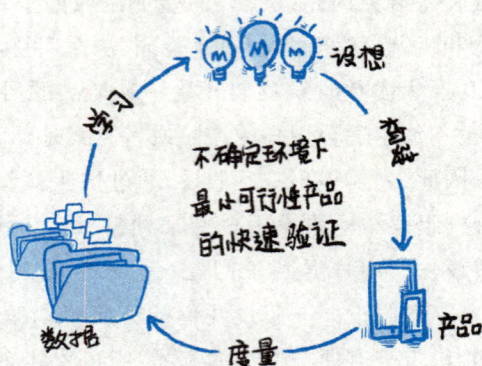

图 8-2 用户验证

用的最小功能集合，这个集合的功能可以满足用户的基本需求，虽不完善但至少可用。然后逐次迭代做出满足客户预期的产品，直至最后完全满足客户需求。

MVP是最符合敏捷思想的产品迭代开发方法。MVP首先着眼于基本的客户需求，快速构建一个可满足客户需求的初步产品原型。部署之后，通过客户反馈，逐步修正产品设计和实现，最终达到完全满足客户需要。最关键的是，在迭代过程中，每次做出来的产品始终是可为客户所用的产品，而不是只有一部分功能却不能让客户使用。

MVP也适用于初创企业在市场不确定的情况下，通过设计实验快速检验产品或方向是否可行。如果假设得到了验证，那么就投入资源大规模进入市场；如果没有通过检验，就是一次快速试错，应尽快调整方向。创业企业可以通过做出最小可用产品，发布之后收集市场反应，逐步调整产品战略，尽快达到短期目标。MVP产品仅包含必要的功能，从而能从早期的用户那里得到初始的资金和用户反馈。仅包含必要的功能点意味着最小成本，最能展现核心概念。MVP不一定是成品，也可以仅仅是理念。通常，构建MVP仅需要数天或数周时间。

回顾整个精益创业的框架：基础的逻辑包括商业计划提供基本前提和假设；客户开发定义与验证基本前提和假设；用"精益研发"加速客户开发的过程。

基础的逻辑和科学实验方法一致。科学实验方法基于一个基本假设，从实验中收集数据，最终验证假设。所以在硅谷的历史上，精益创业第一次把创业从完全混沌的状态推向了科学的方向，第一次把科学的方法论引入创业的过程中。

这一步非常重要，因为在传统观念中创业被认为是天才的专利，被认为是天才人物或者有特殊才能的人才能做的事情，创业者必须具备与众不同的视角和洞察力，只有具备这种素质的人才有机会实现创业的梦想。精益创业使精英创业变为了全民创业。普通人在武装了精益创业这套方法论之后也可以创业，可以通过不断试错、快速迭代实现自己的创业梦想。

因此，精益创业作为一种创业思维，在方法论之外，也能够在社会层面做出非常大的贡献。

二、精益创业应用案例

下面通过三个案例介绍在实际的商业环境中，如何应用精益创业的方法获得成功。

（一）五百丁

创业者名叫龙清鉴，他成立的公司叫作五百丁（见图 8-3），主要业务是帮助求职者制作简历。产生这个创业想法的原因是龙清鉴发现了简历这一细分领域的巨大需求和商业机会，而且他拥有一套美化简历的方法，依靠这个优势，他开始了精益创业之旅。

图 8-3　五百丁

（1）用户有什么需求？

龙清鉴打算从帮助求职者制作一份"漂亮"的简历开始。当时在互联网上，基本没有这样的产品形态，很多所谓的精美简历模板其实与传统的表格简历没有区别，所以，龙清鉴在豆瓣网上注册了账号后就去几个高人气的小组发帖，承诺免费帮助求职者修改他们的简历，让简历变得更"有范儿"。一个月的时间里，龙清鉴收到了约 1 000 个求职者的简历修改申请，这里面，营销策略有很大的功劳。首先，每次修改完成，他都会发布修改前后的对比图（隐藏关键信息），因为每天的修改精力有限，他设定了以下申请规则。

① 每天只修改 4 份简历，求职者在零点以后可以开始申请，根据申请时间先后进行修改，实时更新修改进度。

② 申请修改的求职者需完成推广任务，包括加 QQ 群、转发微博等。

在这个规则下，龙清鉴发现，申请修改的人越来越多，每天都有很多人在凌晨疯狂申请，由于名额有限，没排上的人第二天又会继续申请。到这里，龙清鉴已经通过"美化简历"这个 MVP 验证了用户需求。

（2）用户是否愿意为这个需求买单？

几乎所有的创业行为都要经历商业化的过程，这一点对于创业者来说格外重要，别寄希望于通过一轮轮的商业投资维系公司，资本逐利的属性会让其抛弃不赚钱的商业模式。

回到龙清鉴的创业经验上，他在验证了用户需求之后，马上开始探求更长效的商业模式。他在淘宝上开店，把之前修改完成的简历做成模板进行售卖，用户下单后通过电子邮件发送。在店铺开业两个月后，店铺等级就升到了 4 个钻石。

到这里，这个项目的商业模式也得到了验证，于是他的团队开始准备创业。

（3）提供的产品是否能满足用户需求？

在决定创业之后，龙清鉴快速拿到了第一笔投资，一个月后，五百丁简历网站正式上线。网站第一个版本提供的功能非常简单，UI 交互也相对粗糙，按龙清鉴的话说，就是把淘宝店铺转移到了五百丁简历网站上而已，用户可以付费购买模板，然后自行下载。

网站上线后，通过淘宝导流过来的用户也让网站实现了"零启动"。网站客服的标识做得非常醒目，用户如果遇到问题，直接点击客服图标就可以加入售后 QQ 群。这是一个重要的反馈渠道，团队几乎每天都要花半天的时间做客服工作，跟用户聊天，收集他们的反馈，听取他们的建议。

经过大量的用户反馈信息的收集，五百丁团队很快发现了新的问题，他们的模板虽然很吸引人，但是对于用户来说，用 Word 编辑和修改这样的模板需要很高的学习成本，毕竟在此之前，大部分用户还没有掌握 Word 的复杂功能。五百丁简历网站提供的模板有很复杂的排版布局过程，如果操作不当，整个模板就变成了"灾难"。所以，五百丁简历网站在一个半月后又上线了第二个版本，提供了在线编辑功能，用户只需要进行简单的文字填写即可完成简历的制作。此后，五百丁团队又陆续研发了网页简历/移动简历等功能，用户一次编辑，即可生成三种类型的简历，产品的口碑在快速迭代的过程中不断提升。

（4）你的营销方式能否低成本、高效率地获得用户

开始，五百丁团队采用的是常规营销推广的方式，微博、微信、论坛等轮番上阵，不久龙清鉴发现，这种方式费时费力，带来的回报却很小。通过外部推广的

渠道带来的流量,每天只有几百个 IP,这对于需要快速成长的创业项目来说是远远不够的。

于是龙清鉴决定转换思路,采用合作推广的方式,他将目标转向了"竞争对手"。龙清鉴主动联系了所有在搜索引擎上通过"简历"关键字能检索到的网站,并提供了两种合作方式,一种是广告投放,还有一种是销售分成。在发了一大批邮件和短信之后,龙清鉴很快收获了三个合作伙伴,分别是应届生求职网、职业圈、大学生简历网,前两者更是关键字检索结果中的前三位、每天访问 IP 达百万的流量大站。通过合作伙伴的流量导入,五百丁简历网站的流量很快有了爆发式增长,也一举奠定了其在"简历"这个细分领域中的领先地位。经过这样精益创业的过程之后,五百丁成长为拥有 650 万用户的细分领域中的佼佼者。

(二)猿辅导

一家没有教育行业背景的创业团队,从零开始打造猿辅导(见图 8-4)。成立以来,猿辅导一直快速奔跑在赛道上,超越了很多大牌教育机构。其每次创新都能踩准节奏,每次迭代都能成功。下面就来分析一下猿辅导是怎样做到的。

图 8-4　猿辅导

猿辅导创立于 2012 年,2012 年是中国在线教育元年,当时有大批创业者投身于在线教育行业,现在已所剩无几。之后的 8 年,是在线教育发展波澜壮阔、跌宕起伏、快速奔跑的 8 年,有众多的机遇,也有众多的"坑"。2020 年年初,也就是新冠疫情初期,猿辅导提供了很多免费的课程,知名度大增。猿辅导的估值甚至已经超过了很多上市公司。数据显示,2020 年 10 月 22 日,在线教育公司猿辅导正式宣布已完成总计 22 亿美元的 G 轮融资。在此次融资后,猿辅导也以 155 亿美元的估值成为全球教育科技行业内估值最高的"独角兽",荣获"2024 影响力教育品牌"奖。投资人为什么会给猿辅导这么高的估值?因为猿辅导有一个著名的产品矩阵,猿题库、小猿搜题、猿辅导、小猿口算、斑马 AI、粉笔网等。从营销角度看,这是多品牌战略。

(1)颠覆经验,精准切入赛道。2012 年是在线教育的标志性年份,教育界把它称为"慕课元年"。这一年,在线教育引起了很多人的重视,一批又一批的线下教育机构纷纷转向线上。有个词叫"路径依赖"，说的是成功的企业做到一定规模后，会从自己的已有业务、已有资源、已有发展路径出发，思考未来的业务或未来的发展路径。这其实是一种惯性思维，一种认知上的局限，尤其是大企业往往会牢牢按照既有的运行轨道走。

但是对于猿辅导团队来讲，他们没有这种惯性。团队坚信在线教育是学习的主流。面对未知领域和不确定的业务机会，恰恰是因为没有教育背景，团队发展时也就没有了局限，没有戴上有色眼镜去看待用户。团队保持着"空杯心态"，就像乔布斯说的："Stay hungry, stay foolish."倒掉已有的认知，保持一份无知，保持一份饥饿感，只有这样才能真正地从用户角度去思考。

猿辅导后来的创业历程也说明了这一点。李勇团队的创业始于他的个人体验，他在为孩子找英语培训班的过程中，发现教育培训行业存在着大量的资源不匹配问题。于是他做出的第一个产品"粉笔网"，就是针对教育资源匹配的产品，定位为老师和学习者的互动社区。

当年移动互联网背景的创业者切入一个新赛道的方法，基本都是建立一个平台，形成新的供需链，对于在线教育来说这就是信息匹配。通过线上的匹配，把教育供给和教育需求结合起来。至于实际的教育交付，线上线下都可以。

为了增加用户的黏性，猿辅导团队借鉴了大众点评的一些做法：用点评共享、知识分享激活用户。这种方法刚开始还可以，但是粉笔网运营不久，猿辅导创始人李勇就发现粉笔网的用户数量不少，可活跃度不高。他敏锐地意识到切入点的选择可能出现了偏差，粉笔网没有触及在线教育的核心，即通过信息匹配仅仅解决了便利性问题，教育要解决的是效果问题。

面对这个难题，"空杯思维"让李勇把视角从自身经验转移到观察用户的痛点上，相信用户、相信数据比相信自己的经验更重要。数据告诉他：虽然粉笔网的活跃度不高，但是做题板块一直保持着较高的活跃度。做题是学习的基本方法，题库能否成为在线教育的一个产品方向？当时市场上有很多题库，不过大部分题库中都有错误的题目、错误的答案。为了解决这个问题，李勇团队让多人做题，平均每套题由8个人一起确定答案，实施下来，他们一共做了60万道题。虽然做这件事费时费力，但做出来就是堡垒。通过海量的题目、精准的答案、千人千面的试卷、碎片化的时间练习、人机互动练习等一系列的产品设计和迭代，李勇团队打造出了一款初高中的刷题利器——猿题库。

猿题库上线的前几周，公司曾在百度网做过短期的广告推广，后来发现完全是多此一举。考生们都在想方设法地搜索好的考试资料，尤其是在同一个培训辅导班，好的考题很快就会在同学之间传播开。结果猿题库几乎没有花费任何成本,靠着学生之间的口口相传就进入了市场。正如猿辅导联合创始人帅科所说:"好的产品自己会说话。"

复盘来看,猿辅导之所以能够迅速在市场上站稳脚跟,成功成为在线教育市场的主打产品,就是因为在线教育当时的主要"风口"是学习工具。而好未来、新东方当时的聚焦点是班型、传播形式,所以错失了学习工具这个"风口"。

(2)快速迭代,踩准时代步伐。2014年李勇团队成立了AI实验室,猿辅导并不是简单地将AI用在已有的猿题库上,而是用一个新的研发团队做一个全新的产品。研发新产品的价值在于寻求新的技术、发现新的痛点,并将两者有机结合起来,打造突破型产品,新产品是小猿搜题。

小猿搜题第一轮聚焦点在拍照识别技术。学生做题过程中到线上寻找答案,图片识别技术很重要。猿辅导的AI技术团队经过努力,迅速将各种手写题目的识别率从60%提高到了95%,产品性能和用户体验得到了极大的改善。

有了收获之后团队并没有止步,产品继续迭代。团队发现搜题找到答案之后,55%的学生都会寻找讲解。小猿搜题的第二轮迭代重点聚焦在内容上。小猿搜题做了30万条讲解视频,用户复用率进一步提高。

此时,小猿搜题和猿题库的协同效应也显现了出来,一个做题一个做答疑,用户体验大幅度提升,用户流量、用户活跃度都远远超过了同类的产品。数据显示,现在猿题库题目的练习量已经超过了36亿,小猿搜题完成的搜题量也已经超过了98亿,那么这两个工具类产品能否继续迭代呢?

通过观察用户行为,团队发现学生在用猿题库做题,用小猿搜题答疑后,要进一步巩固背后的相关概念、知识点。也就是说,做题后最终还是会回到学习上。做题、搜题答疑、视频讲解、知识点学习正好可以构成一个小的学习闭环。此时培训产品的用户行为路径已经成熟了。

猿辅导和小猿搜题这两大工具蓄积的流量池已经非常充裕,需要寻找新的变现机会。

另外,粉笔网的探索也给团队带来了很大的信心。2014年,公务员考试题库板块从猿题库中拆分出来,由猿辅导团队的核心成员张小龙重新组建粉笔网,以公务员考试题库的流量为基础,尝试做付费视频直播课程,这一举措迅速取得成功。

在这样的局面下,猿辅导开始了又一次的大转型,招募全职教师从平台模式转为直营模式,后来又借鉴好未来的经验,将双师大班作为主营的业务模式。终于猿辅导在反复迭代和试错中,找到了成功的路径,这是猿辅导事业成功的一个关键转折点。

一系列产品的快速迭代,它们之间的逻辑关系是什么?简单来看,猿题库和小猿搜题属于工具产品，猿辅导属于培训产品，工具与培训的背后是流量与变现的关系。团队在新赛道上通过不断地试错来打造成熟的商业模式。迭代时，流量与变现的逻辑关系有时间先后的顺序。

在后来的斑马 AI 产品（见图 8-5）迭代上，工具与培训之间的逻辑也得到了运用。2017 年 9 月，团队上线面向幼儿教育的斑马英语，最初推出时走的也是工具路线、免费路线。

图 8-5　斑马 AI 产品

斑马英语 1.0 版上线 App Store 时主打绘本、学练结合，是一个免费的工具产品。

通过免费工具产品的定位，收集流量，积累用户黏性，斑马英语直到 1.7 版本才转变定位，变成一个培训产品，开始收费。再之后斑马英语的课程开始体系化，同时斑马思维上线，课程品类不断丰富，形成更多的收益点。

到了 2020 年年初，斑马英语和斑马思维进一步合并成斑马 AI。产品新定位是 AI，进一步扩大了产品的想象空间，现在斑马 AI 已经成了猿辅导的第二大收入板块。斑马的迭代过程体现了猿辅导产品从获客到变现的进化，逻辑非常清晰。从免费工具到收费培训，产品线完善，服务升级，产品矩阵的组合价值不断提升。

迭代过程中，不仅有产品迭代，还有业务迭代，以及旧业务的新生。产品迭代是已有产品的改进，包括产品性能、品质的提升，产品定位没有变化，迭代也是由已有的团队完成的。业务迭代跟产品迭代不同，业务迭代做的是新产品，尽管赛道可能相同或相近，但是产品定位价值主张发生了突破性的变化。业务迭代一般是由新的团队开发出来的。还有一种情况是旧业务新生。对于已经放弃的业务，如果当时选择的赛道正确，但是因为做法不对、团队不对而放弃，那么在机会恰当的时候，可采取团队成员分拆出来创业的新方法激活该业务。在灵活的战略指导下，猿辅导做到了一年一款新产品。

2012 年粉笔网，2013 年猿题库，2014 年小猿搜题，2015 年猿辅导，2017 年斑马英语，2019 年小猿口算，一轮轮地迭代，最终形成了猿辅导目前的产品矩阵。

矩阵内的产品分为两大类：工具类和培训类，两类产品之间形成了很好的获客和流量的关系。截至目前，猿题库已经提供了 8 亿次的练习服务；小猿搜题有 2 亿学生在使用，提供了 360 亿次的作业辅导；小猿口算每日批改题目的数量超过了 2.5 亿。这些都为猿辅导这个核心产品，源源不断地提供着流量。

从市场试错到流量获取，再到产品线的丰富和延伸，产品之间形成了一个前后策应的战略协同关系。除此之外，产品矩阵还拥有一个巨大的数据积累资本。目前猿辅导已经拥有了 74 亿次的答题行为数据，284 亿次的题目搜索数据，形成了超过百亿级别的 K12 用户数据库。对于大数据时代的产品开发来说，这是极其宝贵的财富。

所谓猿辅导的幸运并不是真的幸运，李勇这句话说出了真谛："服务的在线化是伴随着移动互联网的成熟才实现的。"猿辅导一系列的业务迭代，产品迭代的背后是对未知领域的高速试错、快速反应、学习借鉴的过程。猿辅导在 C2C、B2C、B2B 的过程中，经过试错最终选择了 B2C 的模式。在教学和工具到底哪个作为在线教育的切入点上，猿辅导敏锐地选择了先做工具再做教学。在平台和自营的选择上，猿辅导经过试错，最终选择了自营，先免费再收费。在一对一、大班、小班的选择上，猿辅导也是经过了试错和快速反应，最终放弃了一对一，抓住大班的机遇。成功的高效试错，需要把行业验证的模式、试错的经验和技术更新的成果有机地结合起来加以应用。只有对行业的动态变化快速反应，才能真正把握时代变化的节奏。

练一练

请大家用精益创业的思维分析一下猿辅导的成长历程。

（三）拼多多

拼多多（见图 8-6）九年崛起之路，是近年来中国互联网行业中最值得深度研究的商业案例之一。诚然，这一分析十分困难，我们在此仅做一个小的尝试，并欢迎更多对此有深刻见解的人加入我们一起讨论。

拼多多是大家非常熟悉，同时也非常有争议的一家企业。

在饱和市场中寻找方向。2007 年，黄峥自谷歌总部离职后，并未着急创业。他做的第一件事情是去 3C 小商品市场柜台卖东西，在和顾客面对面的交流中，感知消费市场和客户。

半年之后，黄峥对标京东，成立了 3C 电商欧酷。从可获取的信息来看，这

图 8-6　拼多多

家公司一共运营了 3 年，尽管一年营收几亿元，但由于手机市场价格已经十分透明，因此几乎没赚到什么钱，反而和京东之间的差距越拉越远。2011 年，京东、阿里实际上已经占据了电商市场的一大部分。

到了 2016 年，两大巨头的市场份额进一步扩大。当时，不少业内人士都认为，电商赛道的竞争已经尘埃落定。

2011 年不能做的事情，2016 年还能做吗？黄峥带着拼多多的原型"拼好货"横空出世。

有将近一半的拼多多用户认为，在拼多多上购物可以和熟人拼团更便宜，还可以互相推荐。还有很多人认为在拼多多上购物就像逛街一样，看到合适的就买，还可以邀请好友一起参与拼单、砍价。

借用微信的巨大流量，拼好货在丰富了购物场景的同时将获客成本大大降低，创造了"社交电商""裂变式增长"的互联网现象级增长。

一般而言，传统电商如果要获取流量，必定要花费大量的广告费，而社交电商借助拼团社交的模式，通过朋友的推荐和信用背书，促成下单，从而节省了大量的广告费用。平台可以将这部分空置的广告费用，返还一部分给平台商家和用户，最后形成多方受益的局面。

反观市场反馈，自 2015 年 4 月拼好货正式上线后的八个月，其累计用户已经突破千万，不到一年，大约有几百家复制拼好货模式的公司上线，而拼好货凭借强大的运营实力和产品迭代能力，一骑绝尘。

拼好货的 MVP 成功了，看起来黄峥似乎找到了一条新的康庄大道。但如果把今天的拼多多和当时的拼好货放在一起比较就会发现，两者之间已经产生了很多的不同。

从 MVP 到巨头拼多多，黄峥的商业逻辑做了哪些调整？

2015 年 9 月，在拼好货社交电商逻辑已经被验证的基础上，拼多多 App 快速上线。两周时间,粉丝破百万,四个月之后,付费用户超千万。之后的事情,很多人耳熟能详,拼多多以黑马的姿态一跃成为中国电商市场的"第三极",其各项数据节节攀高,甚至超过了很多成熟的电商平台。

2018年,拼好货和拼多多两个品牌正式合并,拼好货在完成了自己的使命之后,成为拼多多旗下的子品牌,在美国纳斯达克成功上市。

在这个过程中,我们能学到什么?有两条很重要的启示。

(1)从MVP到商业模式,不是等比例放大

MVP的核心作用是验证逻辑,即使逻辑运行成功,也并不意味着它可以等比例放大为自己的商业模式。从拼好货和拼多多的案例中可以看出,拼多多其实是重新对市场的供需关系做了评估,最终决定以低端市场切入的方式进入市场。

(2)边缘市场,永远是新进入者的沃土

黄峥曾经说过,拼多多成立的头两三年,基本没遇到竞争对手。为什么没有对手?因为拼多多的用户池几乎独立于淘宝和京东的流量之外,彼此互不影响。主流电商没有精力也没有意愿干涉这部分市场。

连接逻辑的再造是拼多多实现快速增长的根本原因。拼多多是"人"的逻辑。我们通过拼团了解"人",通过"人"推荐物,后期会逐步过渡到机器推荐物。

作为平台方,拼多多可以将客户需求、客户画像打包传递给供给侧,帮助供给侧提高产品设计水平,从而真正提高产业链整体协同的效率,比如拼多多推出的"新品牌计划",就暗含了这样的意思。所以早期的"天猫化"其实只是过程当中的一个现象,是一种战术。那么对于拼多多来说,它的转型一定不是会成为一个更好的天猫,而是要创造一个新的价值网络。在这个新的网络里,供给侧和需求侧充分进行联动,同时实现好产品的提供以及低成本的供给,最终实现它在使命愿景里面提出的普惠性,带给用户、消费者满足感、获得感和幸福感。拼多多在电商领域的创新和实践得到了广泛认可并在2024年首次登陆《财富》世界500强,这标志着公司在全球范围内的知名度和影响力达到了新的高度。

三、自我反思

(1)在本课程中,你是否体会到了验证性学习的内涵?

（2）在精益创业画布迭代的过程中，你体会最深的是什么？

那么，现在你准备好路演了吗？

1. 有可能，这个人是孕妇。

2. 能，世界上没有人有两只右眼。

3. 12个月，因为每个月都会有28天。

4. 不会，72小时后是半夜。

附录

附录一：移情图

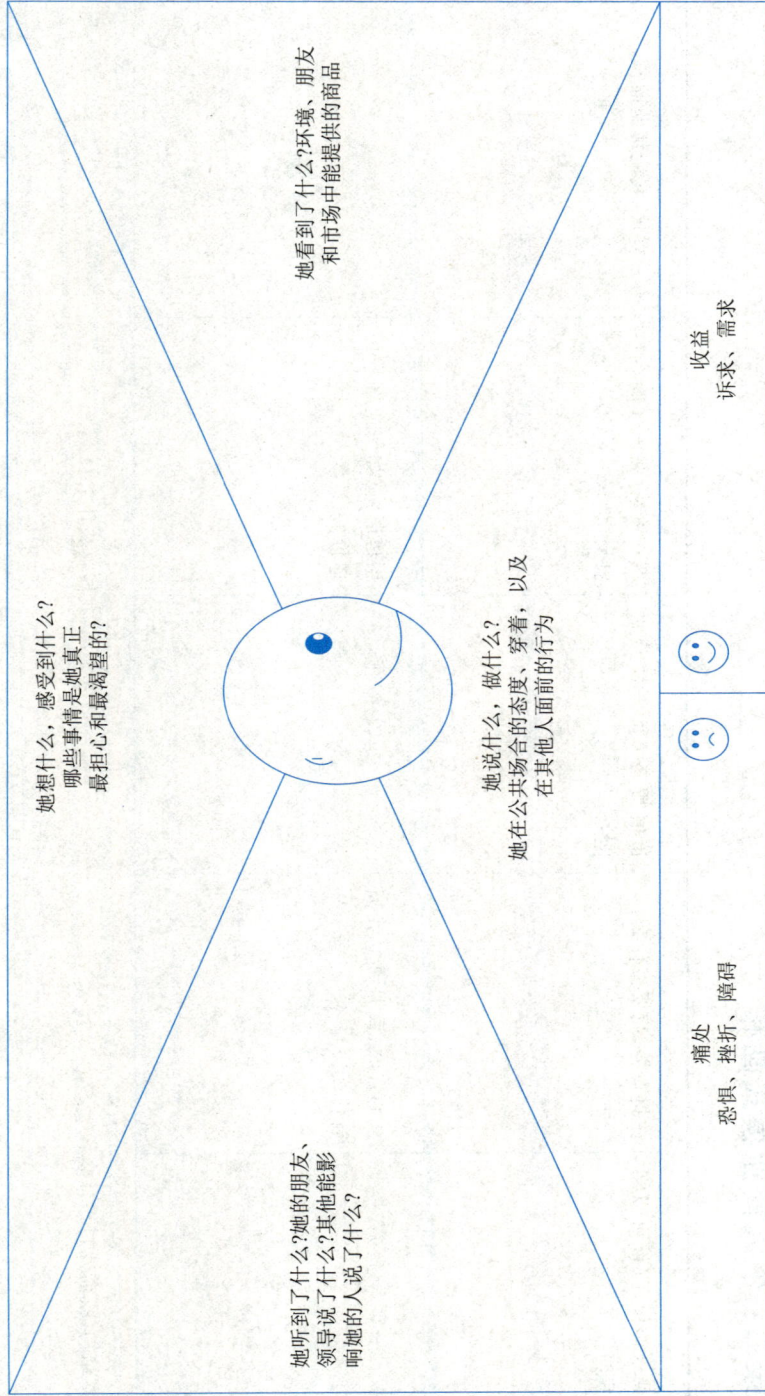

她想什么，感受到什么？
哪些事情是她真正
最担心和最渴望的？

她看到了什么?环境、朋友
和市场中能提供的商品

她听到了什么?她的朋友、
领导说了什么?其他能影
响她的人说了什么？

她说什么，做什么？
她在公共场合的态度、穿着，以及
在其他人面前的行为

痛处
恐惧、挫折、障碍

收益
诉求、需求

附录二：个人商业模式画布

重要合作伙伴（谁可以帮助我？）	关键业务（我要做什么？）	价值服务（我怎样帮助他人？）	客户关系（我怎样和客户打交道？）	客户群体（我能帮助谁？）
	核心资源（我是谁？我拥有什么？）		渠道通路（如何向客户传递价值？）	
成本结构（我需要付出什么？）			收入来源（我能收获什么？）	

附录三：循环互检表

循环互检表

队　名	
	创业点子

评论	优　势	劣　势
评论 1		
评论 2		
评论 3		
评论 4		
评论 5		
评论 6		
评论 7		
是否采纳		

循环互检表

队　名	

创业点子

评论	优　势	劣　势
评论 1		
评论 2		
评论 3		
评论 4		
评论 5		
评论 6		
评论 7		
是否采纳		

循环互检表

队　名	
创业点子	

评论	优　势	劣　势
评论 1		
评论 2		
评论 3		
评论 4		
评论 5		
评论 6		
评论 7		
是否采纳		

循环互检表

队　名	
创业点子	

评论	优　　势	劣　　势
评论 1		
评论 2		
评论 3		
评论 4		
评论 5		
评论 6		
评论 7		
是否采纳		

循环互检表

队　名	

创业点子

评论	优　势	劣　势
评论 1		
评论 2		
评论 3		
评论 4		
评论 5		
评论 6		
评论 7		
是否采纳		

循环互检表

队　名	

创业点子

评论	优　势	劣　势
评论 1		
评论 2		
评论 3		
评论 4		
评论 5		
评论 6		
评论 7		
是否采纳		

循环互检表

队 名	

创业点子

评论	优　势	劣　势
评论 1		
评论 2		
评论 3		
评论 4		
评论 5		
评论 6		
评论 7		
是否采纳		

循环互检表

队　名	

创业点子

评论	优　势	劣　势
评论 1		
评论 2		
评论 3		
评论 4		
评论 5		
评论 6		
评论 7		
是否采纳		

循环互检表

队　名	

创业点子

评论	优　势	劣　势
评论 1		
评论 2		
评论 3		
评论 4		
评论 5		
评论 6		
评论 7		
是否采纳		

循环互检表

队　名	
	创业点子

评论	优　势	劣　势
评论 1		
评论 2		
评论 3		
评论 4		
评论 5		
评论 6		
评论 7		
是否采纳		

问题 要解决的 3 个问题 ①	解决方案 产品的 3 个功能特色 ④	独特卖点 用一句话简明扼要但引人注目的阐述为什么你的产品与众不同 ③	门槛优势 无法被对手轻易复制的竞争优势 ⑨	客户群体分类 目标客户 ②
	关键指标 应该考核哪些东西 ⑧		渠道 如何找到用户 ⑤	
成本结构 获取用户成本、渠道成本、服务成本、人力成本等 ⑦			收入来源 客户终身价值、收入、毛利 ⑥	

问题 要解决的 3 个问题 ①	解决方案 产品的 3 个功能特色 ④	独特卖点 用一句话简明扼要但引人注目的阐述为什么你的产品与众不同 ③	门槛优势 无法被对手轻易复制的竞争优势 ⑨	客户群体分类 目标客户 ②
	关键指标 应该考核哪些东西 ⑧		渠道 如何找到用户 ⑤	
成本结构 获取用户成本、渠道成本、服务成本、人力成本等 ⑦			收入来源 客户终身价值、收入、毛利 ⑥	

问题 要解决的 3 个问题 ①	解决方案 产品的 3 个功能特色 ④	独特卖点 用一句简明扼要但引人注目的话阐述为什么你的产品与众不同 ③	门槛优势 无法被对手轻易复制的竞争优势 ⑨	客户群体分类 目标客户 ②
	关键指标 应该考核哪些东西 ⑧		渠道 如何找到用户 ⑤	
成本结构 获取用户成本、渠道成本、服务成本、人力成本等 ⑦			收入来源 客户终身价值、收入、毛利 ⑥	

问题 要解决的 3 个问题 ①	解决方案 产品的 3 个功能特色 ④	独特卖点 用一句简明扼要但要引人注目的话阐述为什么你的产品与众不同 ③	门槛优势 无法被对手轻易复制的竞争优势 ⑨	客户群体分类 目标客户 ②
	关键指标 应该考核哪些东西 ⑧		渠道 如何找到用户 ⑤	
成本结构 获取用户成本、渠道成本、服务成本、人力成本等 ⑦			收入来源 客户终身价值、收入、毛利 ⑥	

问题 要解决的 3 个问题 ①	解决方案 产品的 3 个功能特色 ④	独特卖点 用一句简明扼要但引人注目的话阐述为什么你的产品与众不同 ③	门槛优势 无法被对手轻易复制的竞争优势 ⑨	客户群体分类 目标客户 ②
	关键指标 应该考核哪些东西 ⑧		渠道 如何找到用户 ⑤	
成本结构 获取用户成本、渠道成本、服务成本、人力成本等 ⑦			收入来源 客户终身价值、收入、毛利 ⑥	

附录四：AARRR 模型

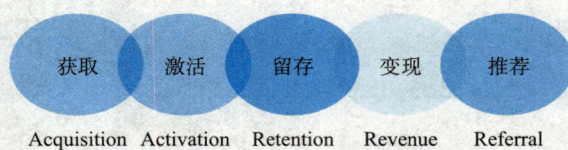

获取	激活	留存	变现	推荐
Acquisition	Activation	Retention	Revenue	Referral

营销方案：